Ulrich Schwab
Double Action – Revolver-Klassiker für Sport, Jagd und Security

gelesen
2/2016

Einbandgestaltung: Sven Rauert
Bildnachweis: Ulrich Schwab, 162 Fotos

Eine Haftung des Autors oder des Verlages und seiner Beauftragten
für Personen-, Sach- und Vermögensschäden ist ausgeschlossen.

ISBN 978-3-613-03372-6

Copyright © by Motorbuch Verlag, Postfach 10 37 43, 70032 Stuttgart.
Ein Unternehmen der Paul Pietsch Verlage GmbH & Co .

Sie finden uns im Internet unter:
www.motorbuch-verlag.de

1. Auflage 2011

Lektorat: Joachim Kuch
Innengestaltung: Jennifer Prosser, TEBITRON GmbH, Gerlingen
Druck und Bindung: Gorenjski tisk storitve, 4000 KRANJ
Printed in Slovenia

Ulrich Schwab

Double Action

Revolver-Klassiker
für Sport, Jagd und Security

Motor
buch
Verlag

Inhalt

Einführung

Als Gebrauchswaffe hat der Revolver seine Zukunft schon hinter sich – von wenigen Ausnahmen abgesehen. Bei Personenschützern und Mitarbeitern von Sicherheitsdiensten zum Beispiel, für die Unauffälligkeit und Handlichkeit durch kompakte Bauweise mehr zählen als hohe Feuerkraft und möglichst schnelles Nachladen. Oder Jägern, die selbst mit einem federleichten „Snubnose" aus Titan über fünf oder sieben Schuss in einem ausreichend starken Kaliber verfügen.

Ganz anders sieht es bei den Sportschützen aus. Ein breitgefächertes Angebot ihrer Verbände an Revolverdisziplinen sowohl von der Ausführung der Waffen als auch von den sportlichen Abläufen her trägt allen nur denkbaren Neigungen Rechnung. Vom Western- bis zum IPSC-Schießen ist – legal und regelkonform natürlich – fast alles erlaubt: Schießen in Single- oder Double Action. Stehend, kniend, sitzend, liegend. Einhändig, beidhändig, mit vorgeschriebener „starker" oder „schwacher" Schusshand. Aus unterschiedlichen Entfernungen. Und in den freien oder offenen Klassen auch mit Zusatzgewicht, Mündungsbremse, Zielfernrohr oder Leuchtpunktvisierung.

Ungeachtet der Faszination, die der Hahnspanner nach dem Vorbild des Colt Single Action Army von 1873 auf einen eher exklusiven Schützenkreis ausübt, zählt der Abzugsspanner gewissermaßen zur Standardausrüstung der Sportschützen ganz allgemein. Allein Smith & Wesson, seit Jahrzehnten international richtungsweisend auf diesem Gebiet, bietet seine Double-Action-Revolver mittlerweile fünf-, sechs-, sieben-, acht- und zehnschüssig an. Mit Lauflängen von $1\frac{7}{8}$ bis $8\frac{3}{8}$ Zoll (48 bis 213 Millimeter) in der Serie und bis 12 Zoll (305 Millimeter) aus dem Performance Center. Sowie in den Kalibern .22 l. r. (long rifle), .22 Winchester Magnum Rimfire (WMR), .38 Smith & Wesson Special/Special + P, .357 Smith & Wesson Magnum, 10 mm Auto/.40 Smith & Wesson, .41 Remington Magnum, .44 Smith & Wesson Special, .44 Remington Magnum, .45 Automatic Colt Pistol (ACP), .460 Smith & Wesson Magnum und .500 Smith & Wesson Magnum. Dazu kommen noch Wechselsysteme und weitere Sonderausstattungen anderer Hersteller.

Je nach Verwendungszweck unterscheiden sich die Abzugsspanner durch die Ausführung und Installation ihrer Schlösser. Im überwiegend sportlichen Gebrauch gelangen nahezu ausnahmslos die als Double-Action- Revolver besser bekannten Hahn- und Abzugsspanner zum Einsatz, die vielseitigen Vertreter der wahlweise „einfachen" oder „doppelten Bewegung" beim Spannen. Die Betätigung in Single-Action empfiehlt sich für das „Ausstanzen" der Zehner, die in Double-Action, wo es um die Teilung von Treffern durch Zeit oder die Zeit allein geht. Die Double-Action-Only- oder DAO-ähnlichen Revolver, die nicht oder nur umständlich über den Hahn gespannt werden können, verdanken ihre Existenz praktischer Erfahrung: Hähne, die gekapselt sind oder den Rahmen nur mit einem Stummel überragen, verhaken sich beim Zugriff nicht in der Kleidung. Und bei der Jagd schließlich spielen Single- und Double Action oder Double Action Only nur eine Nebenrolle – die schon mit Drilling und Äser auf- und abbaumenden Weidgenossen denken wohl zuerst an den Umfang und das Gewicht ihrer Ausrüstung.

Weitere Kriterien für die aufgezeigten Einsatzbereiche sind die Lauflänge bezüglich der sportlichen Regeln, die Widerstandsfähigkeit nicht natürlicher Kugelfänge, die davon abhängige Zulassung der Munition und die dienstlich wie jagdlich gebräuchlichen Kaliber. Daher enden im Folgenden die Lauflängen bei $6\frac{1}{2}$ Zoll und die Stärke der Patronen bei .44 Magnum. Revolver mit längeren Läufen oder in Kalibern bis .500 Magnum sind in diesem Zusammenhang nur von statistischem Interesse.

Redaktion, Fotografie und das Entgegenkommen der Hersteller und Importeure bei der Waffenbeschaffung waren keine Selbstläufer. Noch mehr Aufwand aber erforderten das Präzisionsschießen in Verbindung mit den Geschwindigkeitsmessungen zur Bestimmung der Geschossenergie und die TriggerScan-Messungen. Als „Herr der Ringe" und kompetenter Berater wie schon bei den vorausgegangenen Werken *Praktisches Pistolenschießen* und *Kleinkaliber-Sportpistolen und Revolver* konnte wieder Konrad Krappmann gewonnen werden, ein in Kirchberg an der Murr ansässiger Büchsenmachermeister mit Lizenz zur Herstellung von Jagd- und Sportwaffen. Die weiter hinten aufgelisteten Ergebnisse des „maschinellen" 25-Meter-Schießens lassen die erwartete Abhängigkeit der Schussleistung von der Preisklasse der Prüflinge nicht grundsätzlich erkennen. Geradezu auffällig aber ist die sehr unterschiedliche Munitionsverträglichkeit einzelner Modelle bei ausschließlicher Verwendung handelsüblicher Fabrikmunition.

Für die grafische Darstellung der Abzugswiderstände und Charakteristiken der Schlosse auf der Grundlage unbestechlicher Messtechnik war Axel Manthei aus Kaufering zuständig. Der Ingenieur für Waffentechnik und Importeur hochwertiger Messsysteme bediente sich dabei des TriggerScan-Systems, das den Abzug der eingespannten Waffe mittels eines motorisch angetriebenen Messarms bis zum Anschlag durchzieht und die auftretenden Widerstände durch die aufzubringende Kraft mit einer Genauigkeit von 0,004 Newton (0,408 Gramm) in der Kraftaufnahme und 0,025 Millimetern in der Wegaufnahme in einer Kurve zeigt. So wird ein sonst nur subjektiv zu beschreibendes Gefühl in einem Diagramm sichtbar. In Single Action steigt die Kurve über den Vorzug bis zur Schussauslösung steil an, fällt danach auf den Triggerstop oder Rahmenanschlag zurück und führt zuletzt fast senkrecht wieder nach oben. Das Profil für Double Action belegt die Widerstände während der Trommeldrehung, des Einrastens der Trommelsperre, des Übersetzens der starren, gefederten oder abrollenden Mitnehmer an Hahn und Abzug und der Freigabe des Hahns bis zu einem ähnlich steilen Anstieg nach dem Anschlag. Dazu kommen die allgemeine Reibung und zusätzliche Widerstände bei Verarbeitungsdefiziten. Ein gutes Schloss hat eine „glatte" Kurve.

Mehr Action durch Double Action

Einen wesentlichen Beitrag zur dauerhaft zuverlässigen Synchronisation aller beweglichen Schlossteile einschließlich der auch „Transporteur" genannten Trommeltransportklinke sowie der Trommelsperre leistete Colt 1876 mit einem Prototyp auf der Basis des Single Action Army mit noch nicht ausschwenkbarer Trommel. Anderthalb Jahrzehnte nach dem Ableben Samuel Colts (1814 – 1862) kombinierte der für das weiterbestehende Unternehmen tätige William Mason den schon im Original für das Verschießen von Metallpatronen mit Zentralfeuerzündung ausgelegten und mit einem am Hahn angelenkten Trommelumsetzer nach inzwischen abgelaufenen Colt-Patenten von 1835 (Großbritannien und Frankreich), 1836 und 1839 (beide USA) ausgestatteten „Peacemaker" mit einem entsprechend modifizierten und in der Folgezeit mehrfach überarbeiteten Schloss. In Anlehnung an das 1856 patentierte Trantner-System spannte der Abzug den Hahn über eine angelenkte Klinke und deren Eingriff in einen Schlitz und führte ihn bis zum freien Fall über den höchsten Punkt. Eine zusätzliche Rast für das wahlweise Schießen in Single Action sowie die sichernde Fangrast zählten bereits zum allgemeinen Entwicklungsstandard, während der ebenfalls am Abzug angelenkte zweistufige Trommelumsetzer in vorauseilender Colt-Tradition die Trommel mit der ersten Stufe drehte und mit der zweiten bis zum Einrasten der Sperre arretierte. Zum Spannabzug erhielt der von 1877 bis 1910 gefertigte Lightning einen runden (Round Butt) statt des klassisch eckigen Griffs (Square Butt).

Heute würde man sagen: Der Blitz war ein Renner. Trotz anfänglicher Schwierigkeiten mit der Mechanik erreichte der erste Vertreter der neuen Colt-Generation immerhin eine Auflage von über 160 000 Exemplaren. Dies war umso erstaunlicher, als

Mason nur ein Jahr später auch das Modell Frontier mit größerem Rahmen und verstärkten Schlossteilen patentieren und in Serie gehen ließ, ein 44er beziehungsweise 45er gegenüber dem Lightning im Originalkaliber .38. Und beinahe genauso schnell folgte dem Blitz der Donner: Als reduzierter Frontier verschoss der Thunderer nun auch Patronen im Kaliber .41. In der Produktion lagen die größeren Modelle jedoch um mehr als zwei Drittel gegen den populären 38er zurück.

Traumpaar: Spannabzug und Schwenktrommel

Da auch die Routiniers nur schneller schießen aber nicht schneller nachladen konnten, begannen sich die eher klobigen und nicht immer zuverlässigen Double-Action-Modelle erst mit der Einführung der ausschwenkbaren Trommel gegen den technisch ausgereiften und in der Linienführung unübertroffenen Single Action Army durchzusetzen. Die entscheidenden Impulse gaben ein weiterer Prototyp mit dem für Colt mittlerweile unverzichtbaren geschlossenen Rahmen, aus dem die dann frei zugängliche Trommel seitlich herausgeklappt werden konnte, sowie diesbezügliche Patente aus den Jahren 1881 und 1884. Die Serie startete 1889 mit dem Navy Model, dem 1892 der New Army & Navy und 1898 schließlich auch der bis 1944 in 356 000 Exemplaren hergestellte New Service folgten. Andere Modelle wie der Official Police als modifizierter New Army & Navy erreichten im „Öffentlichen Dienst"

sogar Stückzahlen bis 425 000. Die erste Alternative von Smith & Wesson zu den frühen Colt-Schwenktrommel-Revolvern beschleunigte das Laden und den (automatischen) Hülsenausstoß noch als Kipplaufwaffe.

Bei der Weiterentwicklung des Spannabzugs ersetzte Colt 1908 in einem neu konzipierten Schloss die am Abzug angelenkte Spannklinke durch einen gefederten Mitnehmer am Hahn und schuf so die Grundlage für einen besonders „weichen" Schlossgang. Die Idee stammte allerdings von den Belgiern Mangeot und Comblain, die bereits 1853 den Hahn eines Revolvers für Stiftpatronen mit der zukunftsweisenden Klappe ausgestattet hatten: Der an der Rückseite schnabelförmig ausgebildete Abzug griff während seiner Betätigung bis zur „zündenden" Hahnfreigabe unter die Klappe und glitt im Rücklauf bis zum erneuten Einrasten an dem einfedernden Mitnehmer entlang. Auch wenn Colt das Schloss für die Mark-III-Modelle und den Anaconda noch vereinfachte, blieb die 1908er-Version bis zum kurzfristigen Hoffnungsträger Python Elite in der Endphase der Revolverproduktion im Einsatz.

Gegen Ende einer langen Reihe bekannter Modelle dieser Bauart wie Official Police, Army Special Model 1908, New Service Model 1909, New Service Target Model, Police Special, der berühmte Zweizöller Detective Special von 1927 oder Cobra, legte Colt 1955 eine bis heute „sportliche" großkalibrige Gebrauchs- und Targetvariante auf: Ein gut gepflegter und gekonnt geschossener Python im Kaliber .357 Magnum/.38 Special erregt auf jedem Schießstand noch immer Aufmerksamkeit. Zumindest bei den Senioren. „Wo immer ein Python ausgepackt wurde", erinnert sich einer, „war früher der ganze Schießabend gelaufen."

Ungiftig, aber nicht harmlos: Python

Unter Schlangen ein Riese (Python reticulatus, Netz- oder Gitterschlange, Südostasien, zehn Meter; Python sebae, Felsenpython, Afrika, sieben Meter). Als Revolver männlich. Und nach dem heutigen Sprachgebrauch ein Kultobjekt: Colts stahlgewordene Interpretation eines Reptils zeigt außer dem neueren Schloss noch alle wesentlichen Konstruktionsmerkmale der ersten Schwenktrommel-Revolver und repräsentiert zugleich den technischen Höchststand einer ganzen Baureihe. Nach erfolgreichen Jahrzehnten erlitt aber auch dieses Modell erhebliche Qualitätseinbußen durch großen wirtschaftlichen Druck als Folge zu

Rüstiger Rentner: Colts Python ist ein Revolver-Klassiker, den es auch gut ein Jahrzehnt nach Einstellung der Produktion auf der Schießbahn noch zu schlagen gilt. Seine Qualitäten in Präzision und Schlossgang konkurrieren erfolgreich mit den stilistischen und verschweigen diskret den Jahrgang 1955 mit der Schlosstechnik von 1908

⊕ Vorbildlich: Das ausgewogene Design und so herausragende Details wie die komplexe Laufgruppe mit dem voll durchgezogenen Ausstoßerstangengehäuse und der ventilierten Laufschiene sind längst allgemeiner Entwicklungsstand. Nur das Mündungsprofil ist noch typisch Colt

vieler am Markt vorbei entwickelter Waffen, von Arbeitskämpfen und schwindenden Regierungsaufträgen – Colt's Patent Fire Arms Manufacturing Co. in Hartford, Connecticut, stand schließlich dem Ruin so nahe, dass das Vorzeigeunternehmen von einst noch in den 1990er-Jahren auf Colt's Manufacturing Company Inc. umfirmiert und unter neuem Management auf Sparkurs gebracht werden musste.

Für den Python und andere Modelle wie den Detectiv Special oder King Cobra bedeutete dies zunächst ein Weiter wie bisher, für den Python selbst das volle Programm: brüniert, rostträge und in Stainless Steel Ultimate (rostträge poliert) sowie in 2 $\frac{1}{2}$, 4, 6 und 8 Zoll. Da zugleich aber auch Imagepflege angesagt war, fertigte der firmeneigene Custom Gun Shop parallel dazu, vorübergehend und ohne Inanspruchnahme moderner kostengünstiger Herstellungsverfahren den wieder tadellos verarbeiteten Python mit dem vielversprechenden Zusatz „Elite" sozusagen aus dem Vollen. Für die aufwändigen Fräs-, Dreh- und Passarbeiten zahlte der Kunde jedoch mehr als das Doppelte gegenüber vergleichbaren Konkurrenzmodellen. Deutschland-Importeur Frankonia bot den brünierten oder rostträgen Vier- und Sechszöller zwischen 1997 und 2004 zu Preisen bis 1639 Euro an. Die zuletzt 1498 (4, 6 und 8 Zoll, brüniert) bis 1698 Euro (4, 6 und 8 Zoll, rostträge poliert) teuren Standardversionen fielen bei auslaufender Produktion bereits 1998 aus dem Katalog.

Auch als typischer Vertreter des ursprünglichen Konzepts – über der Trommel geschlossener Rahmen; links im Rahmen gelagertes Schloss; vom Abzug gesteuerte Rechtsdrehung der Trommel; mit der Trommel nach links ausschwenkender Kran; Trommelverriegelung im Ausstoßerstern; Trommelarretierung in den Endstellungen des Hahns; Hülsenausstoß durch die Trommelachse – unterscheidet sich der Python in fast allen Bauteilen erheblich von seinen direkten oder indirekten Vorgängern: Allein das Kaliber .357 Magnum bedingt schon eine wesentlich stabilere Konstruktion. Im Vergleich zu den nachfolgend beschriebenen K- oder L-Rahmen-Modellen von Smith & Wesson zum Beispiel mutet der 357er sogar eher wie ein 44er an – Rahmenlänge, Rahmenwandungen und der Abstand zwischen Abzug und Griffrücken ohne Berücksichtigung der Griffschalen liegen im Bereich eines M 29/629. Nur an der Stirnseite und am Kran trägt der N-Rahmen dem Durchmesser des Laufgewindes und der Patronenleistung entsprechend dicker auf. Auch das Gewicht der ungeladenen Waffen differiert durch die unterschiedlichen Läufe und Trommeln nur minimal. Das Double-Action-Schießen mit dem Python ist also mehr ein Ding für kräftige „Langfinger".

Brüniert oder in Stainless Steel, letzterer nach dem Zeitgeschmack zunehmend verlangt, sind die elementaren Teile des Python aus Schmiederohlingen oder geschmiedetem Vollmaterial hergestellt – angeblich übrigens mit der in Kritik geratenen schwindenden Präzision durch fortschreitende Automation schon in den frühen 1970er-

Jahren. Den massiven Charakter des Rahmens zeigen vor allem die Partie um das lange Laufgewinde und den aufgeklappten Kran, die Brücke und der Stoßboden an den Schlag- und Riegelbolzenbohrungen. Im Übergang zum Griff und darunter öffnen zwei Fenster den Square Butt. Der eckige Griffrahmen ist so kurz gehalten, dass er außer den traditionell geformten Griffschalen auch weiter nach unten gezogene Combat-Griffe aufnehmen kann.

Trommel und Kran sind durch die gefederte Ausstoßerstange und die Nabe des Ausstoßersterns in der Trommelachse zu einer Einheit verschraubt und über den Lagerzapfen des Krans mit dem Rahmen verbunden. Der Zapfen dreht sich um etwas mehr als 90 Grad in einer Längsbohrung unter der Trommel und wird durch eine Ringnut und einen gefederten Stift von der rechten Rahmenseite aus gegen den Verlust bei ausgeschwenkter Trommel gesichert. Anschläge an Rahmen und Schlossplatte begrenzen den Schwenkwinkel des Krans und die Trommelverschiebung nach hinten.

Die Trommel fasst sechs Patronen, ist geflutet und führt die Sperrnuten analog zur Trommelsperre im Rahmen mit leichtem Versatz gegenüber den Kammern. Diese Anordnung schwächt die kritischen Stellen weniger als Ausfräsungen direkt über den Bohrungen. Auskehlungen in Drehrichtung erleichtern den Eintritt der schleifenden Sperrklinke. Für die Trommeldrehung sind die vom Abzug gesteuerte Trommeltransportklinke und der Zahnkranz am Ausstoßerstern zuständig. Die Kraftübertragung erfolgt durch Profilierung der mit der Ausstoßerstange längsverschiebbaren Sternnabe, die deckungsgleich profilierte Führungsbuchse in der Trommel und zwei Stifte im Trommelboden. Eine zweite Führungsbuchse sitzt in der Hohlwelle des Krans und bildet zugleich das Federgegenlager.

Die Trommelverriegelung war bei Colt schon immer eine einseitige Angelegenheit. Auch die Python-Trommel verriegelt nur auf dem 6,4 Millimeter dicken Riegelbolzen im Rahmen, der 1,5 Millimeter tief ins Zentrum des Ausstoßersterns greift und über dessen 31 Millimeter lange Nabe für ausreichend Halt sorgt. Allerdings summieren sich die Einbauspiele der Trommel auf der Hohlwelle des Krans und der Kranlagerung zu Fluchtfehlern, wie sie bei einer Doppelverriegelung der besseren Art kaum vorstellbar sind. Beim Entriegeln zieht der als Schieber ausgebildete linke Trommelschild den Riegelbolzen am Kupplungszapfen aus dem Trommelstern. Der Schieber läuft gegen eine Feder in der Schlossplatte.

Unter dem zweifach verschraubten Deckel lagert das weitgehend unveränderte Schloss von 1908: Anstelle getrennter Abzugs- und Schlagfedern, wie sie ab 1969 in mittlerweile längst ausgemusterten Modellen wie Official Police Mark III, Trooper Mark III oder Lawman Mark III verwendet wurden, hat im Python eine zweischenkelige Hauptfeder sozusagen alles im Griff. Zwei kleinere Zusatzfedern halten lediglich die Hahnklappe und die Trommelsperre in Position.

Allround-Talent: Einer, der alles kann

Was die Hauptfeder in diesem komplexen System leistet, zeigt nicht nur die Kraftverteilung zwischen Abzug und Hahn, sondern auch auf die schon seit 1905 als Colt Positive Lock bekannte automatische Stoß- und Fallsicherung. So bedient der obere Schenkel dieser Feder den Hahn über ein Kettenglied gewissermaßen direkt, während der untere durch Auflage auf einen langen, im Griffrücken gelagerten Hebel indirekt Druck auf alle anderen Stationen macht. Dazu greift dieser Hebel mit der Spitze in die links am Abzug angelenkte Trommeltransportklinke, bringt diese an der Verzahnung des Ausstoßersterns

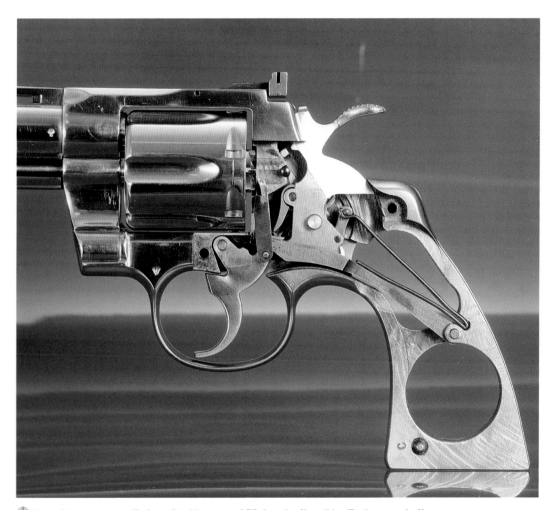

⊕ Anstelle getrennter Federn für Abzug und Hahn „bedient" im Python noch die traditionelle Schenkelfeder alle Stationen. Das ungespannte Schloss zeigt sie weit gespreizt zwischen der Hahnkette und dem Rückspringhebel, der den Hahnrücksprung, die Trommelsperre, die Trommeltransportklinke und die Hahnsperre steuert

COLT

federnd zur Anlage, stellt über die Klinkenlagerung den Kraftschluss mit dem Abzug und dem rechts daran angelenkten Sicherungshebel her, regelt den Hahnrücksprung, nach dem er benannt ist, und steuert auch noch die selbstfedernde Trommelsperre in Form eines weiteren Hebels unter dem Sicherungshebel – ein wahrer Alleskönner. Der Sicherungshebel dreht sich um die Hahnachse und hebt oder senkt die rechts im Rahmen geführte L-förmige Sicherung, die den Schlagbolzen nur bei gespanntem Hahn zur Schussauslösung freigibt. Danach springt der Hahn durch übereinander gleitende Profile an seiner Unterseite und am Rückspringhebel auf den zum

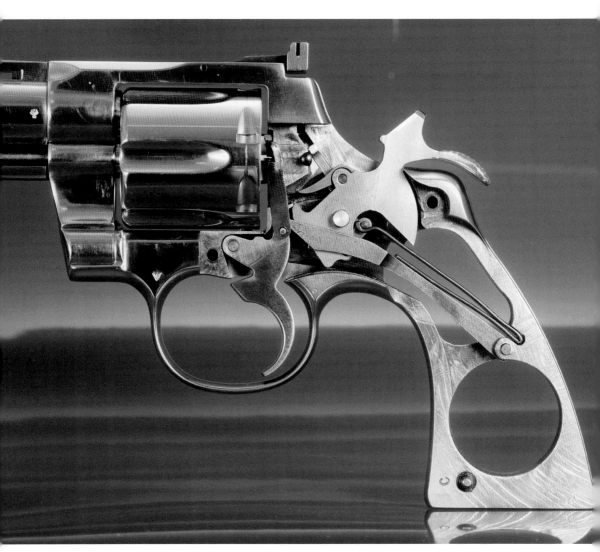

⊕ Im gespannten Schloss halten die beiden Schenkel kaum noch Abstand voneinander. Der obere setzt den eingerasteten Hahn unter Druck, der untere den am Transporteur eingeklinkten Rückspringhebel

Wiedereintritt der Sicherung erforderlichen Abstand vom Rahmen zurück.

Abzug und Hahn sind auf zwei festen Achsen im Rahmen gelagert und stehen je nach Betätigung in Single- oder Double Action über zwei starre und einen beweglichen Mitnehmer miteinander im Eingriff. Am Abzug ist es ein langer Schnabel, der bei Hahnspannung bis zum Einrasten in die Spannrast vom Hahn angehoben oder bei Abzugsspannung als Klinke bis zum Ausrasten des Hahns benützt wird. Der Hahn führt den zweiten starren Mitnehmer (Spannarm) inklusive der durch Kantenbruch „entschärften" Spannrast sowie den beweglichen Mitnehmer, die gefederte

⊕ **Ausfräsungen in der rechten Rahmenwandung nehmen die als Colt Positive Lock schon seit 1905 bekannte Schlag- und Fallsicherung des ungespannten Hahns auf. Der am Abzug angelenkte Sicherungshebel dreht sich um die Hahnachse und führt die L-förmige Sperre zwangsläufig in die gesicherte oder ungesicherte Position. Unter dem Sicherungshebel lagert der Trommelsperrhebel**

Hahnklappe, für die Abzugsspannung. Dazu kommen noch der Sicherungsanschlag unterhalb der Schlagfläche, der Radius für den darauf ablaufenden Rückspringhebel und die Kette zum Anschluss des oberen Hauptfederschenkels.

Für den einst gerühmten und heute noch gelobten Schlossgang sind neben der Geometrie die geringen Lagerspiele, die gehonten Gleitflächen und die gut aufeinander abgestimmten Bewegungsabläufe verantwortlich. In dieser Disziplin konkurrieren

⊕ **Einseitige Trommelverriegelung durch einen kräftigen Bolzen im Zentrum des Ausstoßersterns. Für die Entriegelung ist der als Schieber ausgebildete linke Trommelschild zuständig**

selbst Pythons der schwächeren Produktionsjahrgänge erfolgreich mit Revolvern, deren Schlosse in Double Action die reduzierte Reibung durch eine zwischengeschaltete Rolle nutzen. Nur das Ausklinken des Trommelsperrhebels am Rückspringhebel ist akustisch wie optisch (im Trigger-Scan-Profil) noch wahrzunehmen.

In Single Action setzt der Hahn aus der Rückspringstellung den Abzug gegen den Druck des gefederten Rückspringhebels in Bewegung und dreht ihn bis zum Einrasten in die Spann-

rast nach hinten. Synchron löst der Abzug über den Rückspringhebel die Trommelsperre, zieht die Hahnsicherung aus dem Schlagweg und dreht die Trommel über die Trommeltransportklinke und die Verzahnung am Ausstoßerstern um eine Kammer weiter. In der Drehung wechselt die zweistufige Trommeltransportklinke den Zahn und sichert die Trommel bis zum erneuten Einrasten der Trommelsperre gegen Rückdrehung. Das Timing ist so ausgelegt, dass die Trommel annähernd zeitgleich mit dem Rasteingriff

des Abzugs am Hahn zum Stillstand kommt und die beigedrehte Kammer im Rahmen des Trommelsperren- und Trommeltransportklinkenspiels mit dem Lauf fluchtet. Der gespannte Abzug steht kurz vor dem Anschlag und wird unmittelbar nach der Schussauslösung von der zweiten Stufe der Trommeltransportklinke an der Verzahnung gestoppt. Nach dem Schuss schwingt der entlastete Abzug an dem nur in Double Action gebrauchten beweglichen Hahnmitnehmer vorbei in die Ausgangsstellung zurück. Die

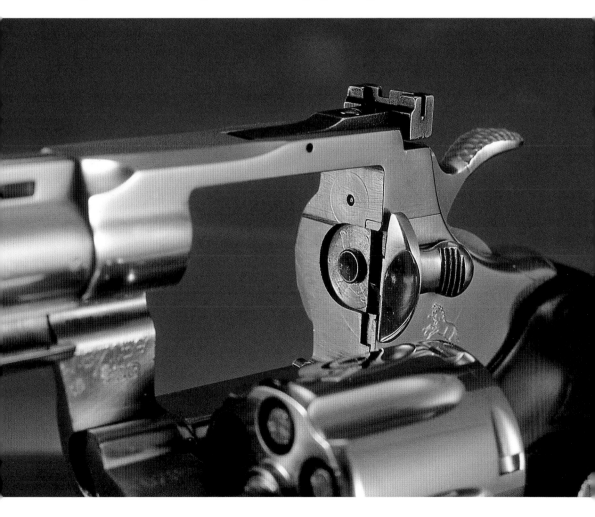

Trommeltransportklinke und der Hebel der gegenläufigen Hahnsicherung folgen der Drehung zwangsläufig, während der mit nach unten gezogene Rücksprunghebel den Hahn wieder auf Distanz zu Rahmen und Schlagbolzen stellt.

In Double Action setzt der Abzug nach kurzem Vorzug am beweglichen Mitnehmer an und führt den Hahn ohne die Dienste eines weiteren Mitnehmers wie etwa bei Smith & Wesson bis zum Ausklinken nach hinten. Dabei verkürzt sich der Schlagweg im Vergleich zur Hahnspannung um sieben Millimeter. Wie in Single Action nimmt der Abzug die angelenkte Trommeltransportklinke und die Hahnsicherung sofort mit und gibt die Trommel über den angehobenen Rücksprunghebel und die mitgezogene Trommelsperre zur Drehung frei. Da jedoch alle Bewegungen von der Schnabeloberseite aus gesteuert werden und die Schnabelspitze weit über die Spannrast wegdreht, fällt diesmal der Wiedereintritt der Trommelsperre mit dem Ausklinken des Hahns zusammen. Das Timing sieht den Trommelstillstand also erst bei der Schussauslösung vor. Der restliche Ablauf entspricht dem Single-Action-Modus.

Aus der wahlweisen Abzugsbetätigung des mit Blick auf die sportliche 1000-Gramm-Regel leicht „entspannten" T 87159 resultieren Widerstände von 12,0/34,91 Newton oder 1,22/3,56 Kilopond nach der unter Schützen weiterhin gebräuchlichen Ausdrucksweise. Das TriggerScan-Profil zeigt heftige Ausschläge nach dem Ausrasten des direkt gespannten Hahns, die vermutlich auf unkontrollierte Schwingungen der entspannten Hauptfeder zurückzuführen sind, sowie einen sehr flachen und gleichmäßigen Verlauf der Spannabzugskurve. Unter dem Vorbehalt mangelnder Schlagenergie bei Verwendung spezieller Fabrikmunition sind mit diesem Abzug auch schnelle, präzise geschossene Serien in anspruchsvollen Wettkämpfen möglich.

Das Erscheinungsbild des einmal bestechenden und noch immer attraktiven Revolvers ist weitgehend vom Lauf, dem Mündungsprofil, der ventilierten Laufschiene mit integrierter Kornrampe und dem langen Ausstoßerstangengehäuse (Full Lug) geprägt. Von all den Varianten mit Lauflängen zwischen $2\frac{1}{2}$ und $13\frac{1}{2}$ Zoll (Sonderausstattung) in Royal Blue, vernickelt oder im Coltguard-Finish sowie der Option auf Stainless Steel gebürstet oder poliert (4 bis 8 Zoll) wurden zuletzt nur noch rostträge Vier- und Sechszöller hergestellt. Der 152-Millimeter-Lauf besitzt sechs linksdrehende Züge im Zug/Feld-Durchmesser von 8,99/8,8 Millimetern, einen sechs Millimeter langen Übergangskegel von 9,4 auf 9,05 Millimeter und eine leicht angefaste Mündung. Die reflexmindernd gestrahlte Kornrampe steigt von der Rahmenbrücke aus kontinuierlich an und trägt als Gegenstück zur höhen- und seitenverstellbaren Colt-Accro-Visierung ein zweifach verstiftetes Rampenkorn mit orangefarbener Kunststoffeinlage. Sportschützen sei empfohlen, dieses für den praktischen Gebrauch bestimmte Quickdraw-Korn (Schnellziehkorn) besser gegen ein weniger lichtempfindliches Scheibenkorn auszutauschen. Das lange

Ausstoßerstangengehäuse hält den feuernden Python gut in Balance.

Colts letztes Reptil: Anaconda

Auch die Anaconda (Wasserboa) zählt zu den Riesen- oder Würgeschlangen. Sie ist die größte der Neuen Welt und wird bis zu acht Meter lang. Colt legte sein größtes Reptil auf das Kaliber .44 Magnum aus. Allerdings „schlüpfte" der Anaconda erst 1990 – 35 Jahre nach der Vorstellung der Patrone und ihres Begleiters M 29 von Smith & Wesson. Der Anaconda verband die relativ einfache Technik der neueren Colts ab 1969 mit der Silhouette des Python und orientierte sich preislich am Veteran: Immerhin kosteten die Vier- und Sechszöller der amerikanischen Riesenschlange noch als Restbestände nach Ablauf ihrer Bauzeit um die Jahrtausendwende 1539 Euro.

Der Qualitätsvergleich fällt nicht weniger deutlich aus. Denn während der Python auch in schwierigen Zeiten noch einer gewissen Pflege seiner anspruchsvollen Konstruktion gewiss sein durfte, hatte der Anaconda schon im Entwicklungsstadium die wirtschaftlichen Probleme des Herstellers mitzutragen. Zwar hielt die neue Firmenleitung eisern an den traditionellen Materialvorgaben fest, sofern sie die Struktur des Debütanten betrafen, doch in der Verarbeitung und Ausstattung machte sie unübersehbare Abstriche. Und so präsentiert sich ein spätes Exemplar der zweiten Generation (ab 1993) auch: ungleichmäßig bearbeitete Oberflächen; teils

messerscharfe, teils rundgeschliffene Kanten; tiefe Frässpuren im Trommelfenster und Rahmeninneren; unverputzte Feingussteile im Schloss. In Passung, Timing und Schussleistung steht der Anaconda dem Python dagegen kaum nach.

Vom Rahmenbau her ist der Anaconda ein kräftig verstärkter King Cobra, wie er ab 1986 mit Lauflängen von $2\frac{1}{2}$ bis 8 Zoll, einer ungeschlitzten Laufschiene, einem bis zur Mündung reichenden, vorn angeschrägten Ausstoßerstangengehäuse und der Colt-Accro-Visierung als preiswerte Alternative zum Python angeboten wurde. So zeigt der im Gesenk geschmiedete Stainless-Steel-Rahmen den gleichen kleinen Abzugsbügel, in dem der Finger nach allfälliger Schützenmeinung in Platzangst gerät, und den dazu passenden Mini-Round-Butt mit viel Luft für nachgefertigte Maßgriffe. Im Übrigen entsprechen die Abmessungen des CNC-gefertigten Teils den Anforderungen der „großen" Magnum-Patrone. Die Wanddicke an Kran, Laufgewinde und der gesamten rechten Seite bis weit in den Griff hinein erreicht bis zu 5,5 Millimeter, die Brücke misst 17 x 6,5 Millimeter. Darüber hinaus panzert die quer verstiftete Hartmetall-Führungsbuchse des rückfedernden Schlagbolzens den Stoßboden.

Der Kran, der großvolumige Sechszylinder und sein Zubehör weichen nicht nur kaliberbedingt von der älteren Konstruktion ab. Auch die weiter zur Mitte versetzte Trommelsperre der Mark III-Schlosstechnik, ihr Platzbedarf und der Freiraum für die Übertragung des Schlagimpulses

⊕ Anaconda: Äußerlich ein 44er-Python mit ähnlicher Trommelverriegelung

durch das Transfer-Bar-System zeigen ihre Auswirkungen. So bleibt dem Kran nur noch ein 14 Millimeter langer und 7,8 Millimeter dicker Lagerzapfen, dessen Einbauspiel und sein Einfluss auf das laterale Trommelspiel bei entspanntem Hahn nicht kleiner geworden sind. Bei gespanntem Hahn oder in Double Action reduziert die passgenau am Zahnkranz anliegende Trommeltransportklinke dieses Spiel merklich. Die Sperrnuten der rechtsdrehenden Trommel stehen nur kurz hinter dem Kammerzenit, und der weiterhin 1,5 Millimeter tief ins Zentrum des Ausstoßersterns greifende Riegelbolzen misst weniger als fünf Millimeter. Schließlich wurde noch die

⊕ Unter der Oberfläche ersetzt das Schlagstangenschloss der Mark III-Reihe das Rückspringschloss. Die am Abzug angelenkte Transfer Bar führt L-förmig um die darüber gelagerte Trommeltransportklinke und erreicht erst bei durchgezogenem Abzug die Schlagposition. Vorher ist eine Übertragung des Schlagimpulses nicht möglich

Verschraubung der Ausstoßerfeder in der Hohlwelle des Krans eingespart.

Anstelle der Hahnsicherung durch den Colt Positive Lock von 1905 übernimmt in der 1969er-Kreation eine Schlagstange (Transfer Bar) die Stoß- und Fallsicherung. Das System lehnt sich stark an die erste automatische Revolversicherung an, die der gebürtige Norweger Iver Johnson 1892 in Fitchburg/Massachusetts beim Bau seines Safety Automatic Model Revolver verwirklichte: eine am Abzug angelenkte Stange, die erst bei durchgezogenem Abzug den Kontakt zwischen Hahn und Schlagbolzen herstellt. Colt verzichtete lediglich darauf, diese Stange auch als Spannklin-

🎯 **Anaconda-Innenausstattung: Trommelkran, Trommel, Ausstoßerstange mit Feder, Stern und Riegelbolzen, Schlossplatte, Entriegelungsschieber, Abzug, Trommeltransportklinke, Schlagstange, Hahn mit starrem (Spannarm) und beweglichem Mitnehmer (Hahnklappe), Schlagfeder und Schlagfederstange. Abzugsfeder und Trommelsperre sind bereits montiert**

ke für den Hahn zu verwenden. Bei entlastetem Abzug steht der Hahn in sicherem Abstand vom Schlagbolzen am Rahmen an.

Abzug, Trommelsperre, Hahn und der angelenkte Mitnehmer sind Feingussteile von bester Qualität, die ihre offen getragenen Gussnähte und grobe Riffelung in schlechter Konkurrenz zu hochwertigen Frästeilen nicht verdienen. Angegossene Anlaufringe und Segmente solcher Ringe minimieren das Seitenspiel von Abzug und Hahn auf den rahmenfesten Achsen. Zur weiteren Ausstattung beider Teile gehört eine Nase an der Vorderseite des Abzugs, die anstelle des Rückspringhebels im Python-Schloss die hier schwimmend gelagerte Trommelsperre gegen den Druck ihrer Feder aushebt und sich über eine Schrägfläche wieder einklinkt. Der Schnabel an der gegenüberliegenden Seite enthält die Klinke für den Rasteingriff des Hahns bei Single Action, die geschliffene Steuerkurve für den beweglichen Hahnmitnehmer bei Double Action, einen Stift zur Auflage der Abzugsfeder und Anlenkung der Transfer Bar sowie einen weiteren Stift zur Anlenkung der Trommeltransportklinke. Von der Unterseite des Abzugs aus reguliert eine kleine Innensechskantschraube den Triggerstop am Rahmen. Am Hahn sind es die Sicherungsnase für den Schlagbolzen, der Spannarm mit Spannrast, der seitlich eingeschobene Mitnehmer mit Feder und Pin sowie die Pfanne für den Kugelkopf der Schlagfederstange. Die Schlagfeder ist eine lange Schraubenfeder, die sich weit unten im Griffrahmen auf einer Platte abstützt. Eine Querbohrung in der Stange erleichtert den Aus- und Einbau der dort festgelegten Feder.

Bei Hahnspannung hebt das Schlagstück den Abzug in die Spannrast. In der Bewegung löst die Abzugsnase die Trommelsperre, die umgehend zurückfedert und bis zur nächsten Nut über die Trommel schleift. Die Trommeltransportklinke vollendet die Trommeldrehung, ohne dabei auf einen zweiten Zahn umzusetzen, und hinter der Klinke schiebt sich die Transfer Bar zwischen den Hahn und den Schlagbolzen. Zur Arretierung der Trommel rastet die Trommelsperre noch vor dem Klinkenaustritt aus dem Zahnkranz ein. Nach dem Schuss steckt der entlastete Abzug seine Nase wieder in die Trommelsperre und zieht das angelenkte Gestänge aus seinem Wirkungsbereich.

In der Kombination von Spannen und Schießen entwickelt die simple Schlossmechanik einen bemerkenswerten Rundlauf. Ihr vergleichsweise hoher Widerstand wäre unter den Händen eines versierten Büchsenmachers sicherlich keine unveränderliche Größe... In Double Action also führt der Abzugsschnabel den Hahn mit seiner gerundeten Oberseite am beweglichen Mitnehmer über den Point of no return und fällt bei gut ausgemitteltem Triggerstop kaum durch. Trommelsperre, Trommeltransportklinke und Transfer Bar folgen der gleichen Automatik wie in Single Action, und auch die zeitliche Abfolge bringt die Trommel erst unmittelbar vor dem Hammerfall zum Stehen. Am abgebildeten AN 12076 fluchten alle Kammern exakt mit dem Lauf.

In der Optik zieht der Anaconda mit dem Python nahezu gleich. Der große Rahmen und der 44er-Lauf passen gut zusammen und halten trotz größerer Masse die fließende Linie. Wieder beherrscht der stilistisch gelungene Dreierpack aus Lauf, ventilierter Laufschiene und langem Ausstoßerstangengehäuse das Bild, wobei die abgesetzte Kornrampe durch ihren leichten Anstieg von der Rahmenbrücke bis zur Laufmündung den visuellen Eindruck noch verstärkt. Die Rahmenpartie um das Laufgewinde und den Kran, der Kran selbst und der Ansatz der Rahmenbrücke überneh-

men das typische Profil, und dahinter bilden die glattflächigen Flanken das Fenster zur Aufnahme der 44,5x44,5 Millimeter großen Trommel. Der abgerundete Griffrahmen versteckt sich praxisgerecht unter schwarzem Neopren mit Fingermulden.

Technisch gesehen zeigt der nur noch 150,65 Millimeter lange 44er-Lauf zweiter Generation statt einer Fase eine um 1,35 Millimeter zurückgesetzte Mündung, die beim Ziehen (in der Fertigung) weniger aufgeht und im Gebrauch das „aktive" Laufende schützt. Für den neuen Lauf entwarf Colt auch ein neues Profil mit

⊕ **Ausgefahrene Schlagstange zwischen Hahn und Schlagbolzen**

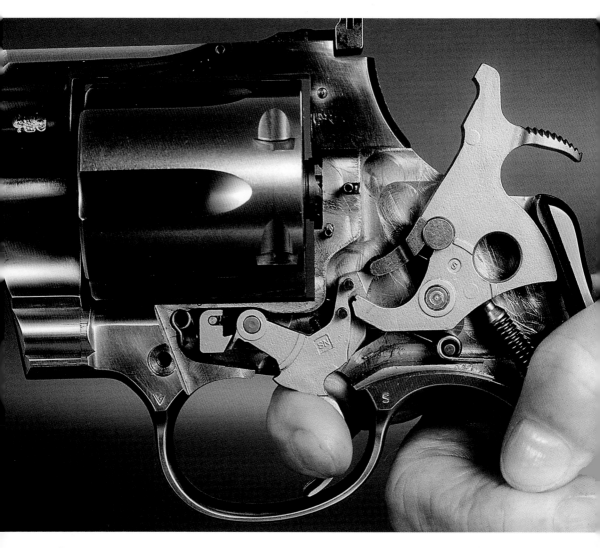

⊕ **Ohne Transporteur und Transfer Bar wird der letzte Kontakt des Abzugs mit der Hahnklappe bei Double Action sichtbar**

sechs linksdrehenden Zügen im Zug/Feld-Durchmesser von 10,95/10,55 Millimetern (nach den Messungen an AN 12076) und wählte eine Dralllänge von 508 Millimetern. Zwischen Übergangskegel und Kammermün-

dungen ergibt sich eine Überdeckung von 11,5 zu 10,9 Millimetern, und der Luftspalt misst 0,14 Millimeter. Accro-Visierung und Rampenkorn sind Colt-Standard.

Colt Python und Anaconda / 6 Zoll, technische Daten und Preise

Hersteller	Colt's Manufacturing Company Inc., Hartford/Connecticut, USA	
Modell	Python	Anaconda
Kaliber	.357 Magnum/ .38 Special	.44 Magnum/ .44 Special
Ausführung	Stainless Steel, gefräst, geschliffen, gebürstet. Geflutete Trommel	Stainless Steel, gefräst, geschliffen, gestrahlt. Geflutete Trommel
Gewicht	1298 g	1440 g
Trommelkapazität	6 Patronen	
Länge	290 mm	296 mm
Breite	39,5 mm	45,5 mm
Höhe	144 mm	147 mm
Abstand Abzug-Griffrücken mit Combat-Griffschalen	SA 82 mm DA 93 mm	SA 77 mm DA 91 mm
Griffwinkel	110 Grad	
Griffschalen	Combat	
Lauf	152 mm, sechs Züge linksdrehend	150,65 mm, sechs Züge linksdrehend
Trommeldurchmesser	39,5 mm	45,5 mm
Trommellänge	39,6 mm	45,5 mm
Trommelspalt	0,16 mm	0,14 mm
Abzugswiderstände *	SA 12,0 N/1,22 kp DA 34,91 N/3,56 kp	SA 17,52 N/1,79 kp DA 47,64 N/4,86 kp
Visierlänge/Visierlinie über Laufachse	193 mm/19 mm	197 mm/22 mm
Kimmenbreite/Kornbreite	3,1 mm/3,25 mm	3,1 mm/3,25 mm
Preis inkl. MWSt (Restbestände)	1698 Euro (1998)	1539 Euro (2004)

*TriggerScan-Messungen

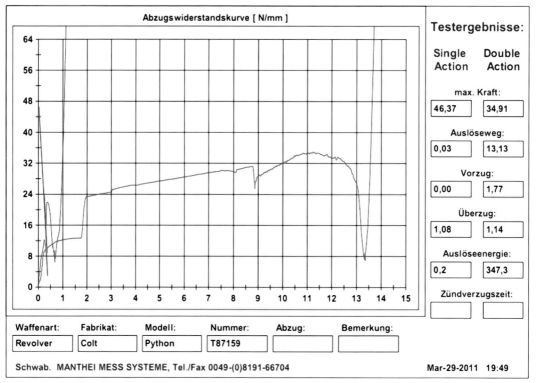

Abzugswiderstandskurve [N/mm]

Testergebnisse:

	Single Action	Double Action
max. Kraft:	46,37	34,91
Auslöseweg:	0,03	13,13
Vorzug:	0,00	1,77
Überzug:	1,08	1,14
Auslöseenergie:	0,2	347,3
Zündverzugszeit:		

Waffenart:	Fabrikat:	Modell:	Nummer:	Abzug:	Bemerkung:
Revolver	Colt	Python	T87159		

Schwab. MANTHEI MESS SYSTEME, Tel./Fax 0049-(0)8191-66704   Mar-29-2011 19:49

Schwingungen nach der Schussauslösung in Single Action überlagern den Abzugswiderstand von 12,0 Newton

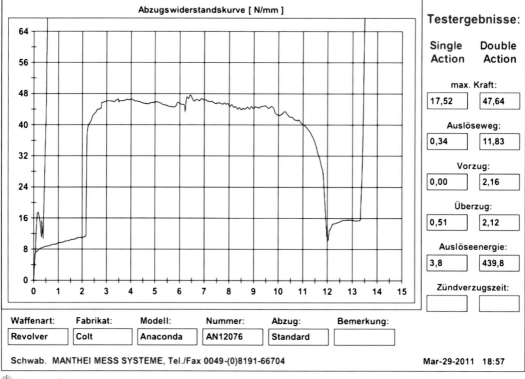

Abzugswiderstandskurve [N/mm]

Testergebnisse:

	Single Action	Double Action
max. Kraft:	17,52	47,64
Auslöseweg:	0,34	11,83
Vorzug:	0,00	2,16
Überzug:	0,51	2,12
Auslöseenergie:	3,8	439,8
Zündverzugszeit:		

Waffenart:	Fabrikat:	Modell:	Nummer:	Abzug:	Bemerkung:
Revolver	Colt	Anaconda	AN12076	Standard	

Schwab. MANTHEI MESS SYSTEME, Tel./Fax 0049-(0)8191-66704   Mar-29-2011 18:57

Anaconda

Smith & Wesson

Vom Kipplauf zur Schwenktrommel

Kipplaufrevolver, auch als Abzugsspanner mit automatischem Hülsenausstoß auf dem Höhepunkt ihrer Entwicklung und mit einer Gesamtauflage von 1,75 Millionen Stück in allen Kalibern von .32 bis .45 einmal ein exzellenter Deal für Horace Smith und Daniel Baird Wesson, büßten ihre Wettbewerbsfähigkeit gegenüber den ersten serienmäßigen Schwenktrommel-Revolvern Navy Model (1889), New Army & Navy (1892) und New Service (1898) von Colt rapide ein – der große amerikanische Konkurrent profitierte uneingeschränkt von den Vorteilen des geschlossenen Rahmens in Verbindung mit der seitlich ausschwenkbaren Trommel seiner Double-Action-Modelle.

Smith & Wesson, wie die Firma der langjährigen Geschäftspartner seit ihrer Fusion 1858 zur eingetragenen Handelsgesellschaft in Springfield, Massachusetts, heißt, begegnete den rückläufigen Regierungsaufträgen und anderen Einbußen am Markt nach zögerlichem Beginn erst 1896 mit dem .32 Hand Ejector First Model, dessen geschlossener Rahmen und die ausschwenkbare Trommel nun zwar dem Trend folgten, nach zunächst pessimistischer Einschätzung ihrer Hersteller aber den zuvor überaus geschätzten automatischen Hülsenausstoß in den unverdienten Ruhestand versetzten. Bedeutete „hand ejection" doch nichts anderes als Manipulation statt Automation. Dennoch legten sie bereits 1898 den .38 Hand Ejector im Kaliber .38 Long Colt und 1899 den .38 Hand Ejector Military & Police für die neue, stärkere Patrone .38 Smith & Wesson nach.

Wie gut Smith & Wessons Antwort auf Colts Herausforderung war, zeigt der 1902 zum .38 Special Hand Ejector gereifte und nach Meinung namhafter Experten lange Zeit beste Revolver überhaupt: Der sechsschüssige Vierzöller für die nun ultimative .38 Smith & Wesson Special ist sechsfacher Millionär (!) und wird noch heute mit allen Änderungen und Verbesserungen als Model 10-.38 Military & Police äußerlich unverwechselbar gebaut und weltweit vertrieben.

Zeitlicher Rekordhalter: K-Rahmen

Gegenüber den ersten 32er- und 38er-Hand Ejectors mit noch obenliegender Trommelsperre arretierte der .38 Hand Ejector Military & Police die Trommel in einem zur Patrone verstärkten Rahmen von unten und repräsentierte so erstmalig die spätere K-Reihe – alle neueren Revolver von Smith & Wesson gliedern sich seither nach ihrer Rahmengröße in die Baureihen M, I, J (Small Frame), K (Medium Frame), L (Medium Frame), N (Large Frame) und X (Extra Large Frame). Der besonders leichte I-Rahmen, der um 1896 für die Revolver in den schwächeren Kalibern entwickelt wurde, beendete seine Karriere Mitte des vorigen Jahrhunderts zugunsten des J-Rahmens. Der zierliche M-Rahmen begleitete den Ur-LadySmith .22 Hand Ejector von 1902 bis 1921, und der X-Rahmen als Artillerie-Plattform für die Kaliber .460 und .500 Magnum unterliegt an dieser Stelle der thematischen Zäsur. Zu den herausragenden Eigenschaften des K-Rahmens zählen die gute Passform zur durchschnittlich großen Hand, die Charakteristik des offenbar zeitlosen, auch in den größeren Rahmen von Schützen und Tunern gleichermaßen geschätzten Single- und Double-Action-Schlosses sowie die insgesamt solide Verarbeitung.

Richtungsweisend für die nachfolgenden Baureihen bildet der ursprünglich aus Schmiederohlingen und ab 1993 in CNC-Bearbeitungszentren aus dem Vollen gefräste Stahlrahmen mit Joch und Brücke eine geschlossene Einheit um die nach links ausschwenkende Trommel und nimmt auf der gegenüberliegenden Seite das abgedeckte Schloss einschließlich des Trommeltransports und der Trommelsperre auf. Seit der Umstellung auf das rationellere Herstellungsverfahren entfällt die eckige Griffgestaltung, der Square Butt mit aufgesetzten Edelholz-Griffschalen. Anstelle des beliebten Klassikers findet wie bei den anderen Rahmen nur noch der abgerundete Round Butt unter Gummigriffschalen, Neoprengriffen oder hölzernen Formgriffschalen für Sondermodelle Verwendung.

An der Stirnseite, direkt unter dem Laufgewinde, verrichtet der Trommelkran seinen Dienst. Das formschön integrierte Teil schwingt um einen Lagerzapfen, der von einem federbelasteten Pin in der vorderen Schossplattenschraube gehalten wird, und führt die Trommel auf einer Hohlwelle. In der Wellenbohrung verlaufen der Namensgeber der Hand Ejectors, die von Hand zu betätigende Ausstoßerstange, die damit verschraubte Nabe des Ausstoßersterns und die Ausstoßerfeder. Diese findet ihr vorderes Gegenlager als Bund auf der Ausstoßerstange, wodurch Druck auf die Trommel und Reibung zwischen Trommel und Kran verhindert beziehungsweise verringert werden. Formschluss zwischen Ausstoßerstern und hinterfrästem Trommelboden sowie ein neues

⊕ Größenvergleich: Smith & Wesson gliedert seine „führigen" und auch sportlich geeigneten Gebrauchsrevolver in J-, K-, L- und N-Rahmen-Modelle. Typische Vertreter sind unten der M 10-.38 Military & Police, darüber die M 60 Chiefs Special Magnum, M 686 Distinguished Combat Magnum und M 629 Classic. Die X-Rahmen-Modelle für die Kaliber .460- und .500 Smith & Wesson Magnum genießen Sonderstatus

⊕ **Trommel-kapazitäten in .357 Magnum: fünf Schuss im Chiefs, sechs im M 686, sieben im M 686 Plus und wieder sechs in der ungefluteten N-Rahmen-Trommel des M 627 Target Champion**

Stangen- und Lagerprofil ersetzen seit Beginn der CNC-Fertigung die Passstifte und die Nut der früheren Zentrierung. Als letztes koaxiales Glied dieses komplexen Verbunds übernimmt die unabhängig gefederte Verriegelungsstange (Trommelachse) die Verriegelung der eingeschwenkten Trommel im Zentrum des Trommel-schilds. Dabei ragt ihr hinteres Ende aus dem Ausstoßerstern. Vorn rastet der Ausstoßerstangenkopf auf einem angeschrägten Federbolzen, der je nach Laufbestückung der Waffe offen liegt oder in unterschiedlich lange Unterzüge (Ausstoßerstangengehäu-

se) eingesetzt ist. Zur Entriegelung drückt der Trommelöffnungsschieber die Verriegelungsstange gleichzeitig aus dem Trommelschild und gegen den ausrastenden Federbolzen.

Ohne das Schloss prinzipiell zu verändern, sind der jeweilige Entwicklungsstand und die spezifischen Anforderungen an die Waffen nicht spurlos an der funktionstüchtigen Mechanik vorübergegangen. Form, Abmessungen der Teile, Material, Bearbeitung und Anordnung des Zündstifts (Hahn mit beweglicher Zündnase, die durch eine Öffnung im Stoßboden auf das Zündhütchen

schlägt, oder rückfedernd im Rahmen gelagerter Schlagbolzen) machten die Generationswechsel ebenso mit wie zum Beispiel der erhöhte Bedienungskomfort für sportliche Zwecke oder die stilistische Anpassung an Sondermodelle. Insgesamt sind es sieben wesentliche Teile, die den Schlossgang bestimmen: Hahn und Abzug mit Klinken, Rasten und Mitnehmern für das Schießen mit vorgespanntem Hahn oder Spannabzug, die in die Hahnkette eingehängte Schlagfeder, der Schieber mit Abzugsfeder, Triggerstop, Sicherungsnocken und Hahnsperrenmitnehmer, die Hahnsperre,

die Trommeltransportklinke und die Trommelsperre. Aus der Bewegung der Teile resultiert auch die dreifache automatische Sicherung: die Rückstellung des abgeschlagenen Hahns (Hahnrücksprung), der Einsatz der Hahnsperre als zusätzliche Stoß- und Fallsicherung sowie die Festlegung des ganzen Systems durch die Sicherungsnase des Trommelöffnungsschiebers bei ausgeschwenkter Trommel.

Aufschluss über die Qualität des Schlosses gibt das Timing, die zeitliche Abstimmung der Bewegungen in Single- und Double-Action einschließlich der Trommeldrehung. Nur wenn die

⊕ **Urgestein: Der sechsschüssige M 10-.38 Military & Police ist seit 1902 im Dienst. Originalgetreu ist allerdings nur noch die Silhouette**

⊕ Die Gegenüberstellung der M 10- und M 586-Schlosse lässt praktisch nur Materialunterschiede erkennen: MIM-Komponenten beim M 10, buntgehärteter Stahl beim M 586. Hauptbestandteile sind Hahn und Abzug mit Rast, Schnabel und Mitnehmern für die Hahn- und Abzugsspannung, der Zündstift (M 586) und die Schlag-fläche für den Schlagbolzen (M 10), die Kette mit einge-hängter Blattfeder und die am Abzug angelenkte Stange

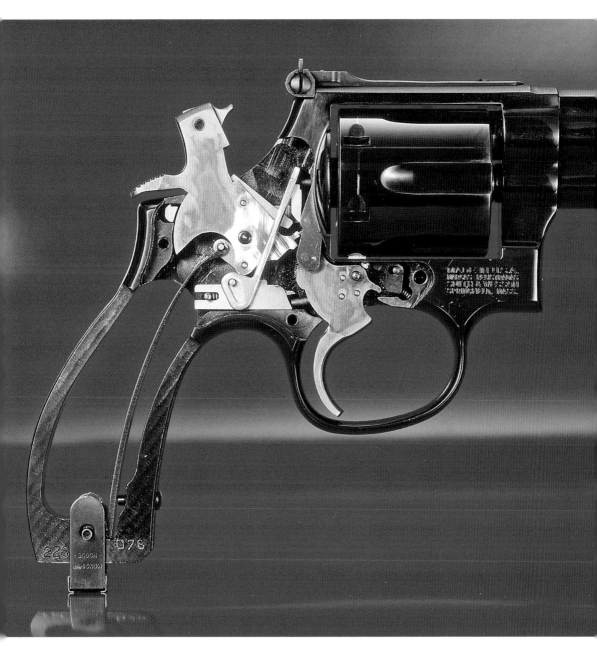

Unter dem Hahn liegt der Schieber mit der gekapselten
Abzugsfeder, dem Triggerstop, dem Sicherungsstift und dem
Nocken zur Steuerung des Hahnrücksprungs. Vorn lagert
die Trommelsperre, rechts am Abzug die Trommeltransportklinke und am Schieber die Hahnsperre. Im ungespannten
M 10-Schloss sichern Schieber und Sperre den Hahn, beim
schussbereiten M 586 geben die desaktivierten Sicherungen
den Schlagweg frei

⊕ **MIM-Hahn mit Schlagfläche für den rahmengeführten Schlagbolzen,
Stahl-Hahn mit beweglichem Zündstift**

Positionen auf den Punkt getroffen werden, funktioniert die Waffe wirklich: das perfekte Zusammenspiel von Abzug, Hahn, Sicherungen, Trommeltransport und Trommelsperre. Die Steuerung obliegt fünf Mitnehmern und drei Übertragungselementen: dem Spannarm und dem beweglichen Mitnehmer (Hahnklappe) des Hahns, dem Trommelsperrenmitnehmer, der Spannrastklinke (Schnabel mit Rastfläche) und der Spannklinke (Spannzahn) des Abzugs, der Abzugsstange, dem Schieber und der Trommeltransportklinke.

Single Action, die „einfache Bewegung" über den Hahn, erleichtert das Schloss beim Einrasten um die vergleichsweise hohen Spann- und Trommeltransportwiderstände und verringert den Abzugswiderstand auf die Reibung der beweglichen Teile, die Kraft der eingesetzten Federn und die Vorspannung der Schlagfeder durch ihre Stellschraube im Rahmen. Ohne besonderen Aufwand können die Mindestwerte nach Sportordnung eingestellt werden. Während des Spannens greift der Spannarm unter den Schnabel und führt den Abzug gegen die anteiligen Federkräfte bis zum Einrasten des Schnabels nach hinten. Der feuerbereite Hahn und der Abzug stehen jetzt kurz vor ih-

In Single Action greift der Abzugsschnabel in die Rast am Spannarm des Hahns

rem hinteren Anschlag und bedürfen zur Schussauslösung nur noch des bekannten gefühlvollen Antippens mit der Fingerkuppe. Noch in der Bewegung drückt der belastete Abzug den gefederten Schieber über die angelenkte Abzugsstange nach hinten und steuert zur Schussfreigabe sowohl den Schiebernocken als auch die Hahnsperre aus dem Schlagweg. Der Trommelsperrenmitnehmer an der Vorderseite des Abzugs zieht die schwimmend gelagerte Trommelsperre aus der darüber stehenden Nut, und von der Rückseite aus fährt die zwischen Spannzahn und Abzugsstange federnd eingehängte Trommeltransportklinke an die Verzahnung des Ausstoßersterns und dreht die Trommel bis zum erneuten Einrasten der Trommelsperre um eine Kammer nach links. Nach dem Schuss schwingt der entlastete Abzug in seine Ausgangsstellung zurück, klinkt sich erneut in die Trommelsperre ein und zieht die Trommeltransportklinke aus der Verzahnung. Der vorlaufende Schieber hebt die Hahnsperre wieder in den Spalt zwischen Hahn und Rahmen und sichert den auflaufenden Hahn in der Rückspringstellung.

In Double Action, der „doppelten Bewegung" über den Abzug, gehen die Spann- und Trommeltransportwiderstände voll in den Abzugswiderstand ein. Darüber hinaus beansprucht die Schussauslösung den für Schützen mit kleineren Händen unbequem langen Abzugsweg von der Ausgangsstellung bis zur Hahnfreigabe. Ein weiteres Problem könnte der um knapp vier Millimeter kürzere Schlagweg sein, der bei geringer

Vorspannung der Schlagfeder für die Hahnspannerfunktion möglicherweise keine ausreichende Schlagenergie liefert. Kurzum: Das Schießen mit Spannabzug will geübt und auch technisch beherrscht sein. Abzugswiderstände unter 40 Newton erfordern oft mehr als nur guten Willen.

Entgegen der Bewegung vom Hahn aus fasst der direkt betätigte Abzug mit dem oben abgerundeten Schnabel und dem Spannzahn abwechselnd unter den beweglichen und starren Mitnehmer des Hahns und spannt ihn an der Spannrast vorbei bis zum ansatzlosen Fall. Gleichzeitig löst der Abzug die Trommelsperre, entlässt den Hahn über die Abzugsstange, die Abzugsfeder und den Schieber aus der Rückspringstellung, zieht mit dem rücklaufenden Schieber die Hahnsperre aus dem Rahmen und setzt über die Trommeltransportklinke die Trommeldrehung in Gang. Nach halber Drehung zur nächsten Kammer federt die Trommelsperre wieder hoch, zieht ihre charakteristische Spur über die Trommel und rastet deutlich vor dem abschlagenden Hahn ein. Wer mit dem Spannabzug umzugehen versteht, beschleunigt bis dahin die Drehung und führt dann den Hahn mit leichter Verzögerung über den Spannzahn weg. Je nach Verarbeitung der Waffe fluchtet die beigedrehte Kammer beim Einrasten der Trommelsperre mehr oder weniger genau mit dem Lauf und beschäftigt bei höherem Anspruch wiederum den Büchsenmacher oder Tuner. Nach dem Schuss erneuert der entlastete Abzug seinen Kontakt mit der Trommelsperre. Abzugsfeder und Schieber reaktivieren die Hahnsicherung und der Schnabel gleitet am einfedernden Hahnmitnehmer entlang in die Ausgangsstellung zurück. Ein neuer Zyklus kann beginnen. Um zu verhindern, dass die Trommel bei „Trommelfeuer" versehentlich am ungespannten Hahn vorbeidreht, sollte der entlastete Abzug annähernd zeitgleich in die Trommelsperre und unter den beweglichen Hahnmitnehmer greifen. Rastet der Schnabel nicht rechtzeitig ein, zeigt er an dem noch eingefederten Mitnehmer keine Wirkung.

Über Jahrzehnte traten die K-Rahmen-Modelle in bis zu zwölf Kalibern – darunter ältere oder für Revolver weniger gebräuchliche wie .22 Remington Jet Magnum, .32-20 Winchester, .32 Smith & Wesson, .32 Smith & Wesson Long, .32 Smith & Wesson Long Wad Cutter, 8 mm Lebel und 9 mm Parabellum – und den unterschiedlichsten Ausstattungen auf. Kurzläufige Gebrauchswaffen, längere Ausführungen mit Scheibenvisierung und kleinkalibrige Sportwaffen deckten den praktischen und sportlichen Bedarf nahezu vollständig ab. Berühmte Modelle kamen und gingen. Wie die „Meisterstücke" M 14 K-38 Masterpiece (1940) und M 16 K-32 Masterpiece (1946). Oder blieben. Wie eben der M 10-.38 Military & Police (1902) oder der M 17 K-22 Masterpiece (1940), letzterer als M 617 in Stainless Steel. Eine ganz besondere Rolle aber fiel dem M 19-.357 Combat Magnum (1955) zu. Das Wunschkind amerikanischer Behörden verband Größe und Gewicht eines 38er mit dem bislang nur N-Rahmen-Modellen vorbehaltenen Kaliber .357 Magnum und entwickelte sich unter den anfänglich noch moderaten Laborierungen zu einer der beliebtesten Dienstwaffen. Zweifel an seiner Haltbarkeit kamen erst mit steigender Patronenleistung auf und führten schließlich zum L-Rahmen. Bis 2004 waren in Deutschland noch sechs Grundmodelle und mehrere Sonderausführungen in den Kalibern .22 l. r., .38 Special und .357 Magnum/.38 Special erhältlich.

⊕ In Double Action setzt der Abzugsschnabel aus der Ausgangsstellung (1) am gefederten Mitnehmer des Hahns an …

… (2) und führt ihn kontinuierlich …

... (3, 4) bis zur Übergabe an den Spannarm ...

… (5) nach hinten. Im weiteren Verlauf verliert die Hahnklappe den Kontakt (6), den der Spannzahn des Abzugs bis kurz vor dem Hammerfall …

... (7) hält. Unmittelbar nach der Schussauslösung
(8) steuert der Sicherungsnocken am vorlaufenden Schieber den Hahn erneut in die Rückspringstellung ...

… (9, 10), während der Abzugsschnabel bei sukzessiver Entlastung des Abzugs an der einfedernden Hahnklappe entlang gleitet …

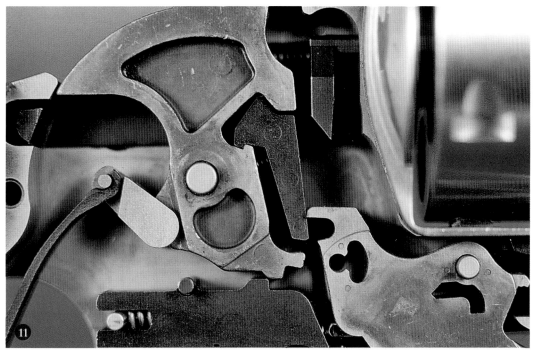

... (11, 12) und schließlich in die Ausgangsstellung ...

… (13) zurückkehrt

◈ 1955 stieg Smith & Wesson erstmals mit einem K-Rahmen-Modell in die 357er-Klasse ein. Der M 19-.357 Combat Magnum war das Wunschkind amerikanischer Behörden und fand bis zur Einführung der L-Rahmen-Modelle 1981 im M 66-.357 Combat Magnum einen würdigen Nachfolger

K-Rahmen-Modelle inDeutschland

Importeure	Wischo-Jagd- und Sportwaffen GmbH & Co. KG, Erlangen Albrecht Kind GmbH (Akah), Gummersbach					
Modell	Aus- führung	Kaliber	Lauflänge	Trommel- kapazität	Gewicht *	Preis (inkl. MWSt.)
M 617 K-22 Masterpiece	Stainless Steel	.22 l.r.	4 "/102 mm	10 Patronen	ca. 1160 g	859 € (2004)
M 617 K-22 Masterpiece	Stainless Steel	.22 l.r.	6 "/152 mm	6 Patronen 10 Patronen	ca. 1280 g ca. 1270 g	899 € (2010) 882 € (2004)
M 617 K-22 Masterpiece	Stainless Steel	.22 l.r.	$8\frac{3}{8}$"/213 mm	6 Patronen	ca. 1350 g	927 € (2004)
M 617 Target Champion	Stainless Steel (matt)	.22 l.r.	6 "/152 mm	6 Patronen	ca. 1270 g	1028 € (2006)
M 10-.38 Military & Police	Stahl (brüniert)	.38 Special	4 "/104 mm	6 Patronen	1020 g	666 € (2010)
M 64-.38 Military & Police	Stainless Steel	.38 Special	2 "/51 mm	6 Patronen	ca. 860 g	834 € (2007)
M 64-.38 Military & Police	Stainless Steel	.38 Special	3 "/76 mm	6 Patronen	ca. 930 g	712 € (2007)
M 64-.38 Military & Police	Stainless Steel	.38 Special	4 "/102 mm	6 Patronen	ca. 990 g	712 € (2007)
M 67-.38 Combat Masterpiece	Stainless Steel	.38 Special	4 "/102 mm	6 Patronen	ca. 1030 g	780 € (2007)
M 65 Lady Smith	Stainless Steel	.357 Magnum/ .38 Special	$2\frac{1}{8}$"/ 54 mm	6 Patronen	ca. 910 g	775 € (2004)
M 65 Lady Smith	Stainless Steel	.357 Magnum/ .38 Special	3 "/76 mm	6 Patronen	ca. 910 g	775 € (2004)
M 65-.357 Military & Police	Stainless Steel	.357 Magnum/ .38 Special	4 "/102 mm	6 Patronen	ca. 1040 g	584 € (2007)
M 66-.357 Combat Magnum	Stainless Steel	.357 Magnum/ .38 Special	$2\frac{1}{2}$"/64 mm	6 Patronen	ca. 910 g	635 € (2007)
M 66-.357 Combat Magnum	Stainless Steel	.357 Magnum/ .38 Special	4 "/102 mm	6 Patronen	ca. 1050 g	642 € (2007)
M 66-.357 Combat Magnum	Stainless Steel	.357 Magnum/ .38 Special	6 "/150 mm	6 Patronen	1126 g	793 € (2004)

* Herstellerangaben

SMITH & WESSON

S & W M 10-.38 Military & Police / 4 Zoll und M 66-.357 Combat Magnum / 6 Zoll, technische Daten und Preise

Hersteller	Smith & Wesson Inc., Springfield/Massachusetts, USA	
Modell	M 10-.38 Military & Police	M 66-.357 Combat Magnum
Kaliber	.38 Special	.357 Magnum/ .38 Special
Ausführung	Stahl, brüniert	Stainless Steel
Gewicht	1020 g	1126 g
Trommelkapazität	6 Patronen	
Länge	236 mm	284 mm
Breite	36,8 mm	
Höhe	141 mm	146 mm
Abstand Abzug-Griffrücken	SA 75 mm/DA 86 mm	
Griffwinkel	110 Grad	
Griffschalen	Combat	
Lauf	104 mm, fünf Züge rechtsdrehend	150 mm, fünf Züge rechtsdrehend
Trommeldurchmesser	36,8 mm	
Trommellänge	39,5 mm	41,3 mm
Trommelspalt	0,25 mm	0,20 mm
Abzugswiderstände *	SA 21,41 N (2,18 kp) DA 53,57 N (5,46 kp)	SA 18,33 N (1,87 kp) DA 55,71 N (5,68 kp)
Visierlänge/Visierlinie über Laufachse	145 mm/14 mm	198 mm/20 mm
Kimmenbreite/Kornbreite	3,5 mm/3,3 mm	3,3 mm/3,3 mm
Preis inkl. MWSt.	666 Euro (2010)	793 Euro (2004)

*TriggerScan-Messungen

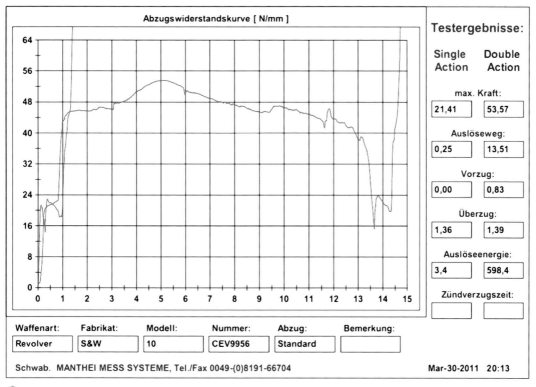

◈ M 10-.38 Military & Police

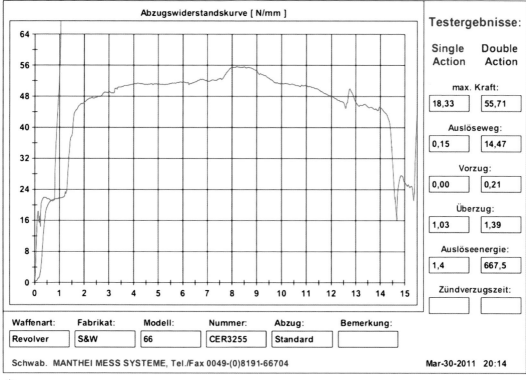

◈ M 66-.357 Combat Magnum

SMITH & WESSON

L-Rahmen-Modelle

1981 schloss Smith & Wesson die Lücke zwischen K- und N-Rahmen. Größer und stärker als der eine, leichter und „führiger" als der andere, bot der neue L-Rahmen beste Voraussetzungen für eine 357er-Baureihe, die alle Diskussionen über Standzeiten unter regelmäßiger Belastung durch leistungsstarke Patronen sowie ihre Tauglichkeit am Mann schlagartig beendete. Für einen geradezu sensationellen Verkaufserfolg aber sorgten die langläufigen Ausführungen. Schon die brünierten und rostträgen Sechszöller M 586/686 Distinguished Combat Magnum erster Generation trugen ihr Teil dazu bei, dass die weiterentwickelten Standardmodelle, Sonderausführungen und Custom-Guns namhafter Tuner das sportliche Revolverschießen heute nahezu uneingeschränkt beherrschen. Dazu orderten die deutschen Importeure zeitweise noch einen $8\frac{3}{8}$-zölligen M 686 „für den Liebhaber hervorragender Präzision und hoher ballistischer Leistung" (Wischo) sowie die Airlites M 386 Mountain Lite (.357 Magnum/.38 Special), M 396 Mountain Lite (.44 Special) und M 296 Centennial (.44 Special) in Leichtbauweise aus Scandium, Aluminium und Titan.

L-Rahmen-Modelle in Deutschland

Importeure	Wischo-Jagd- und Sportwaffen GmbH & Co. KG, Erlangen Albrecht Kind GmbH (Akah), Gummersbach					
Modell	Ausführung	Kaliber	Lauflänge	Trommel-kapazität	Gewicht *	Preis (inkl. MWSt.)
M 296 Airlite Ti Centennial	LM/Titan, Abzug DAO	.44 Special	$2\frac{1}{2}$"/64 mm	5 Patronen	ca. 530 g	722 € (2007)
M 386 Airlite SC Mountain Lite	Scandium/ Titan (Hi-Viz-Visierung)	.357 Magnum/ .38 Special	$3\frac{1}{8}$"/79 mm	7 Patronen	ca. 530 g	1086 € (2007)
M 396 Airlite Ti Mountain Lite	LM/Titan (Hi-Viz-Visierung)	.44 Special	$3\frac{1}{8}$"/79 mm	5 Patronen	ca. 520 g	1072 € (2007)
M 696	Stainless Steel	.44 Special	3"/76 mm	5 Patronen	ca. 1000 g	827 € (2004)
M 686 Security Special	Stainless Steel (matt)	.357 Magnum/ .38 Special	3"/76 mm	6 Patronen	ca. 1030 g	998 € (2007)
M 686 Security Special	Stainless Steel (matt)	.357 Magnum/ .38 Special	4"/102 mm	6 Patronen	ca. 1100 g	998 € (2007)
M 586 Distinguished Combat Magnum	Stahl (brüniert)	.357 Magnum/ .38 Special	4"/102 mm 6"/152 mm	6 Patronen	ca. 1190 g ca. 1300 g	1099 DM (1998)
M 586 Target Champion	Stahl (brüniert)	.357 Magnum/ .38 Special	6"/152 mm	6 Patronen	ca. 1300 g	1298 DM (1998)

M 686 Distinguished Combat Magnum	Stainless Steel	.357 Magnum/ .38 Special	$2\frac{1}{2}$ "/64 mm	6 Patronen	ca. 990 g	811 € (2007)
M 686 Distinguished Combat Magnum	Stainless Steel	.357 Magnum/ .38 Special	4 "/102 mm	6 Patronen	ca. 1130 g	827 € (2007)
M 686 Distinguished Combat Magnum	Stainless Steel	.357 Magnum/ .38 Special	6 "/152 mm	6 Patronen	1276 g	929 € (2010)
M 686 Distinguished Combat Magnum	Stainless Steel	.357 Magnum/ .38 Special	$8\frac{3}{8}$ "/213 mm	6 Patronen	ca. 1440 g	867 € (2004)
M 686 Distinguished Combat Magnum Power Port	Stainless Steel	.357 Magnum/ .38 Special	6 "/152 mm	6 Patronen	ca. 1250 g	883 € (2004)
M 686 Distinguished Combat Magnum Plus	Stainless Steel	.357 Magnum/ .38 Special	$2\frac{1}{2}$ "/64 mm	7 Patronen	967 g	840 € (2007)
M 686 Distinguished Combat Magnum Plus	Stainless Steel	.357 Magnum/ .38 Special	4 "/102 mm	7 Patronen	ca. 1100 g	841 € (2007)
M 686 Distinguished Combat Magnum Plus	Stainless Steel	.357 Magnum/ .38 Special	6 "/152 mm	7 Patronen	ca. 1220 g	882 € (2007)
M 686 Target Champion	Stainless Steel (matt)	.357 Magnum/ .38 Special	6 "/152 mm	6 Patronen	1268 g	1119 € (2010)
M 686 Target Champion DL	Stainless Steel	.357 Magnum/ .38 Special	6 "/152 mm	6 Patronen	ca. 1250 g	1119 € (2010)
M 686 Target Champion DL Match Master	Stainless Steel	.357 Magnum/ .38 Special	6 "/152 mm	6 Patronen	ca. 1250 g	1399 € (2009)
M 686 Euro Sport	Stainless Steel (matt)	.357 Magnum/ .38 Special	6 "/152 mm	6 Patronen	ca. 1270 g	922 € (2004)
M 686 Euro Master	Stainless Steel (matt)	.357 Magnum/ .38 Special	6 "/152 mm	6 Patronen	ca. 1270 g	930 € (2004)
M 686 Practical Champion	Stainless Steel (matt, ungeflutete Trommel, Rastkorn)	.357 Magnum/ .38 Special	6 "/152 mm	6 Patronen	ca. 1270 g	1219 € (2009)
M 686 Universal Champion	Stainless Steel (matt, ungeflutete Trommel, Rastkorn)	.357 Magnum/ .38 Special	6 "/152 mm	6 Patronen	variabel durch Zusatzgewichte	1699 € (2010)
M 686 International DX	Stainless Steel (matt, ungeflutete Trommel)	.357 Magnum/ .38 Special	6 "/152 mm	6 Patronen	ca. 1270 g	1292 € (2004)
M 686 „The President's"	Stainless Steel (matt, ungeflutete Trommel)	.357 Magnum/ .38 Special	6 "/152 mm	6 Patronen	1287 g	1329 € (2010)

*   Herstellerangaben

SMITH & WESSON

M 586/686 Distinguished Combat Magnum

Distinguished Combat Magnum – das steht für den herausragenden, den besten, den Service-Revolver schlechthin. Und so führte sich das neue L-Rahmen-Modell zumindest in der zweieinhalb- und vierzölligen Kurzfassung 1981 auch ein. Doch die eigentliche Herausforderung bestand darin, mit einem Sechszöller die Dominanz des damals schon 26-jährigen Colt Python im sportlichen Wettkampf zu brechen. Interessenten für einen weiteren präzisen 357er gab es jedenfalls genug.

Die schnelle Akzeptanz des brü-

🔘 **Der M 586 Distinguished Combat Magnum mit dem „großen mittleren" Rahmen (Smith & Wesson) und seine allmähliche Ablösung durch den rostträgen M 686 sind eine einzige Erfolgsgeschichte. Als 586 noch eher „Combat", entwickelte sich die Stainless-Steel-Variante schnell zu einer der beliebtesten Sportwaffen. Weitgehend original, als Target Champion leicht verbessert oder gleich aus der Hand des Tuners – der M 686 beherrscht alle einschlägigen Disziplinen**

nierten Karbonstahlmodells 586 und der nachhaltige Verkaufserfolg der rostträgen Version in all ihren Spielarten hat viele Gründe. So kostete der sechszöllige M 686 anfangs der 1990er-Jahre gerade einmal 999 Mark, während für den gleichlangen Python schon 1698 Mark auf den Tisch gelegt werden mussten. 2004 bot Frankonia den sechszölligen M 686-6 für 835 Euro an und nahm für das nur noch als Python Elite gelieferte vier- oder sechszöllige Sondermodell aus dem Colt Custom Shop 1639 Euro. Äußerlich beeindruckt die Eleganz, die sich aus der optischen Aufwertung des klassischen Konzepts durch das mündungslange Ausstoßerstangengehäuse

und seine gelungene Einbindung in die Frontansicht ergibt. Im Gebrauch profitieren die L-Rahmen-Modelle von der Handlichkeit, die ihnen trotz des stärkeren Rahmens, der größeren Trommel und der höheren Vorlastigkeit gegenüber der K-Serie geblieben ist. Und technisch ermöglicht ihr altes, keineswegs aber veraltetes Schloss die Anpassung an alle nur denkbaren Anforderungen. In dieser Beziehung gibt es im Zubehörhandel nichts, was es nicht gibt, und für den tunenden Büchsenmacher sind sie unabhängig vom jeweiligen Entwicklungsstand sozusagen eine ewige Baustelle.

Die L-Rahmen-Modelle erfuhren ihre serienmäßigen Änderungen meist zugleich mit den anderen Baureihen. Smith & Wesson ging dabei immer sehr behutsam vor, um das erfolgreiche Design nicht zu stören, und nummerierte die Generationen zur Identifizierung beispielsweise mit einer angehängten Fünf oder Sechs am Waffentyp fortlaufend durch. Die ersten drei Generationen hatten noch im Gesenk geschmiedete Square- oder Round-Butt-Rahmen, die je nach Ausführung traditionell geformte Holzgriffschalen, hölzerne Target- oder Combatgriffschalen sowie Weichgummigriffe in der Art des einteiligen Hogue-Monogrip aufnehmen konnten. Den Zündimpuls übertrug die bekannte gelenkige Zündnase des Hahns, und in der Trommel gewährleisteten die profilierte Führung der Ausstoßerstange und zwei „bodenständige" Führungsstifte die Zentrierung des Ausstoßersterns und eine möglichst gleichförmige Trommeldrehung. Von kleineren qualitativen Unterschieden zeugten die verdeckten Rahmenflächen, die auch gegenüber der Hülsenreibung am Stoßboden mitunter den letzten Schliff vermissen ließen, und die anfänglich nicht festsitzende Zündnasenbuchse.

Als Smith & Wesson zu Beginn der 1990er-Jahre die Produktion auf numerisch gesteuerte Werkzeugmaschinen umstellte, betraf dies 1993 auch die kurz zuvor um die drei- und vierzölligen M 686 Security Special sowie den sechszölligen M 686 Target Champion erweiterte vierte L-Rahmen-Generation: Die nur noch mit Round Butt hergestellten Rahmen wurden aus dem Vollen gefräst und die Mitnehmer an der Trommelrückseite durch einen selbstzentrierenden Ausstoßerstern ersetzt. Allerdings erforderte der sichere Eintritt des Sterns in den formschlüssig hinterfrästen Trommelboden mehr Spiel als die Stifte. Dazu kamen das insgesamt höhere Verarbeitungsniveau der nicht polierten, fein geschlichteten oder matt gestrahlten Rahmenflächen, eine abgerundete Visierbasis, zwei zusätzliche Gewindebohrungen in der Rahmenbrücke zur Montage alternativer Zieleinrichtungen und ein federbelasteter Pin in der vorderen Schlossplatten- und Kransicherungsschraube.

Übergang zur MIM-Technologie

Auf der Suche nach noch effizienteren Herstellungsmethoden wandte Smith & Wesson sich gegen Ende der 1990er-Jahre der MIM-Technologie zu. Metal Injection Molding ist ein modernes Metallspritzgussverfahren, bei dem Pulvermetall und Binder in die Form gespritzt, unter hoher Temperatur ausgehärtet und praktisch als Fertigteil entnommen werden. Diese Technik erfasste 1998 die L-Rahmen-Modelle fünfter Generation und hat dank guter Bewährung weiterhin Bestand – die betroffenen Komponenten senkten die Herstellungskosten erneut und ließen im Beobachtungszeitraum keine nachteiligen Auswirkungen erkennen. Charakteristisch für die neuen Serien sind der Rahmen mit integrierter „Träne", wo vorher ein eingesetzter Stift die ausgeschwenkte Trommel am Abgleiten vom Kran hinderte, der rückfedernd im Rahmen gelagerte Schlagbolzen, der filigrane Spritzguss wesentlicher Schlossteile und der weniger kantige Trommelöffnungsschieber. Außerdem entsteht das Laufinnenprofil nicht mehr durch Ziehen, sondern nach dem ECD (Electro Chemical Decharging)-Verfahren. Die Dralllänge beträgt nach wie vor 476 Millimeter.

MIM-Hahn und -Abzug unterscheiden sich äußerlich von den geschmiedeten, gefrästen und gehärteten Vorgängern durch ihre akkurate Gussform, die partiell zurückgesetzten Hahnflanken, die Schlagfläche des Hahns anstelle der beweglichen Zündnase, die lose eingesetzte Hahnklappe, das am Hahn eingeklinkte MIM-Kettenglied und die tiefe Auskehlung des Abzugs. Größere Unterschiede bestehen auch in der Funktion. So bescheinigen die TriggerScan-Diagramme dem schwächer eingestellten M 586-4 (BSR 8786) Abzugswiderstände von 12,0 N/1,22 kp in Single Action und 32,32 N/3,29 kp in Double Action, wobei das Besondere der fast horizontale Double-Action-Kurvenverlauf zwischen dem dritten und zwölften Millimeter des Auslösewegs (1,6 bis 6,5 mm: Trommeldrehung; 6,5 bis 7 mm: Einrasten der Trommelsperre; 10 bis 11 mm: Umsetzen der Mitnehmer; 12,1 mm: Hahnfreigabe) und die gleichförmige Trommeldrehung über alle sechs Stationen sind. Demgegenüber zeigt der serienmäßige M 686-6 (CFH 1932) einen Single-Action-Widerstand von 19,84 N/2,02 kp. Die Double-Action-Kurve erreicht ihr Maximum von 53,78 N/5,49 kp mitten in der Trommeldrehung (bei 5 mm), steigt beim Umsetzen der Mitnehmer erneut auf 46,24 N/4,72 kp an (bei 10,4 mm) und unterschreitet die 40-Newton-Marke erst kurz vor dem Ausklinken des Hahns (bei 13,5 mm). Darüber hinaus schwanken die Messungen von Kammer zu Kammer zwischen dem Beginn der Trommeldrehung und der Hahnfreigabe um bis zu zehn Newton.

Ohne dem Colt Python die 25-Meter-Bestleistungen von je 25 Millimetern Streuung mit 357er-Geco (10,2 g Tlm FK)- und Lapua (9,7 g CEPP)-Fabrikpatronen tatsächlich streitig zu machen, erreichten der M 586 mit den 357er-Lapua (9,7 g CEPP) 31 und der M 686 mit den 357er-Winchester (10,2 g Tlm FK) 27 Millimeter. Die eigentliche Stärke des Distinguished Combat Magnum ist seine allgemein gute Munitionsverträglichkeit.

Der siebte Schuss in der Trommel bringt ein Plus im Typ. Sportlich schlägt der M 686 Distinguished Combat Magnum Plus daraus aber kaum Kapital, da in der Regel nur fünf Schuss geladen werden. Die verfügbaren Lauflängen sind die gleichen wie bei den Six-Shooters

M 686 Target Champion

⊕ **Das in Deutschland wohl bekannteste L-Rahmen-Sondermodell ist der M 686 Target Champion. Ex-Importeur Wischo lieferte das veredelte Standardmodell mit glasperlengestrahlter Oberfläche, Target-Hahn und -Abzug, Millett-Stellvisier, austauschbarem Korn und Nill-Sportgriff**

Standard oder Target Champion? – das ist keine Frage für den leistungsorientierten Schützen. Denn nur 190 Euro mehr kostet das Sportmodell, das außer dem typischen TC-Look mit seidenmatter Oberfläche und großzügig beschriftetem Lauf noch Hahn und Abzug in breiter Target-Ausführung, punzierte Nill-Nussbaumholz-Griffschalen mit Fingermulden, ein Millett-Stellvisier und ein kontrastreiches Korn bietet. Allein die Griffschalen, die ohne verstellbare Handkantenauflage auch für das beidhändige Schießen taugen, und

das hinterschnittene Scheibenkorn sind mit Blick auf die Schießleistung den Aufpreis wert. Letzteres stellt das Standard-Rampenkorn mit orangefarbener Kunststoffeinlage bei ungünstigen Lichtverhältnissen buchstäblich in den Schatten.

In der Substanz entspricht der M 686 Target Champion der Standardausführung. Entgegen einem M 686 „Super Target Champion" aus dem Smith & Wesson Performance Center mit handverlesenen und sorgfältig überarbeiteten Serienteilen vertritt der Target Champion den Entwicklungsstand der Großserie und verzichtet sogar auf eine noch so

⊕ **Target-Ausstattung: Millett-Visier und Scheibenkorn (links). Kimme und Korn des Originals entsprechen der Standardvisierung für den praktischen Gebrauch**

moderate Nachbesserung des Schlosses. Die Abweichungen in den Widerstandskurven belegen nur die Einstellung und die Herstellungstoleranzen.

Die Basis der ersten großkalibrigen Target Champions entsprach noch dem M 686-3 mit geschmiedetem Rahmen und Führungsstiften für den Ausstoßerstern. Diese frühen Ausgaben trugen den Schriftzug „.357 Target Champion" auf der Schlossplatte und das nach links versetzte Firmenlogo unter dem Trommelöffnungsschieber. Ihr endgültiges Aussehen erhielten die sportlichen Ableger der jeweiligen Standardmodelle 1993 als M 686-4 in der anlaufenden CNC-Fertigung. Als Zugeständnis für die Anhänger hochglanzbrünierten Karbonstahls, auf dem sich die Laser-Gravuren besonders gut machten, begleitete ein M 586 Target Champion die mattsilberne Ausführung bis zur Einführung der 5er-Serie 1998. Weitere Ausstattungsvarianten sind der M 686 Target Champion DL mit fein geschlichteter Oberfläche und der M 686 Target Champion DL Match Master mit überarbeitetem Schloss, symmetrischen Nill-Nussbaumholz-Griffschalen, TXT-Visier von LPA und zweistufigem Rastkorn.

⊕ „The President's" ist ein Wischo-Sondermodell, dessen präsidiales Outfit hauptsächlich in der nullkarätigen Vergoldung der ungefluteten Trommel und anderer Teile zum Ausdruck kommt. Die Target-Champion-Visierung und spezielle Nill-Edelholz-Griffschalen runden die ungewöhnliche Ausstattung ab

M 686 „The President's"

„The President's" - ein Sondermodell für den Oberbefehlshaber der US-Land-, See- und Luftstreitkräfte zur Selbstverteidigung? Widmung und Aufmachung sprechen dafür. Doch Importeur Wischo weiß es besser: „Eine außergewöhnliche Waffe für

Während die Trommel dem präsidialen Anspruch noch genügt ...

… geben sich Abzug und Hahn unter der Beschichtung eher volkstümlich

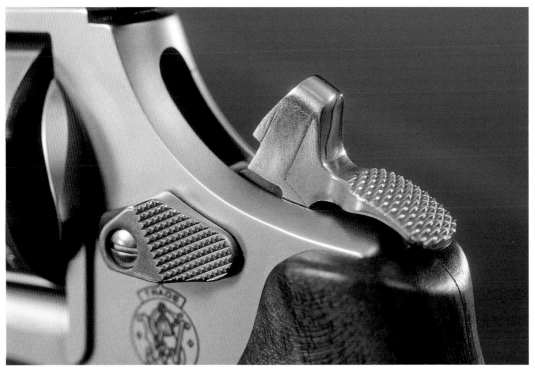

Schützen, die das Besondere lieben". Und meint damit die Titannitrierung optisch herausragender Komponenten: der ungefluteten Trommel, des Trommelöffnungsschiebers, der Ausstoßerstange und der sichtbaren Schlossteile. Besonders attraktiv, sofern es den Kundengeschmack überhaupt trifft, wirkt das Goldimitat allerdings nur auf der hochglanzpolierten Trommel, der geschliffenen Ausstoßerstange und dem geriffelten Schieber. An Abzug und Hahn gefallen die „naturbelassen" mitbeschichteten Gussnähte und andere Unregelmäßigkeiten weniger.

Vom Aufbau her ist der präsidiale Sechszöller ein Target Champion fünfter oder sechster Generation mit glasperlengestrahlter Oberfläche, Laser-Beschriftung, Millett-Visier, verstiftetem Scheibenkorn und vergleichbarem Schlossgang – der insgesamt „leichteren" Einstellung steht ein höherer Widerstand beim Umsetzen der Mitnehmer in Double Action gegenüber. Symmetrische Nill-Edelholz-Griffschalen mit Fingermulden und Fischhaut runden die noble Millennium-Kreation ab.

M 686 Distinguished Combat Magnum Plus

Taurus machte den Anfang. Frei nach dem Motto: „Ein Schuss mehr in der Trommel kann keiner zu viel sein", realisierte der brasilianische Waffenhersteller unter Verwendung von Rahmen und Walze des 44er-Magnum-Revolvers M 44 CP 1995 den ersten serienmäßigen „Seven-Shooter" im Kaliber .357 Magnum. Die Feuerkraft

des Modells 607 sollte vor allem dort, wo die größere Trommelkapazität auch genutzt werden kann, zusätzliche Marktanteile erschließen. Smith & Wesson reagierte unverzüglich und brachte noch im gleichen Jahr ein weiteres Sondermodell des wandlungsfähigen M 686 Distinguished Combat Magnum mit einem „Plus" für die siebte Patrone heraus. Worauf Taurus 1996 mit dem achtschüssigen M 608 erneut in die Offensive ging.

Damit hatten beide Firmen das maximale Fassungsvermögen ihrer Basismodelle erreicht. Für die 39,6 Millimeter durchmessende L-Rahmen-Trommel bedeuten die sieben 9,75-Millimeter-Bohrungen eine „Ausdünnung" der Kammerzwischenwände von 3,2 auf 1,6 Millimeter bei gleichzeitiger Entlastung der 2,2 Millimeter dicken Außenwandungen durch die zwangsläufige Verlegung der 1,2 Millimeter tiefen Sperrnuten zwischen die Kammern. Der Versatz resultiert aus der ungeraden Teilung.

Da die Trommeldrehung um je 51,4 statt 60 Grad weder die Abläufe im Schloss noch die Arbeitsweise der Trommelsperre tangiert, findet der M 686 Distinguished Combat Magnum Plus sozusagen nur in der modifizierten Trommel und dem dazu passenden Ausstoßer mit siebenfacher Verzahnung statt. Alle anderen Details entsprechen der Standardausführung: der Rahmen, der Kran, das Schloss, die alternativen Lauflängen von 3, 4 und 6 Zoll, das „Röllchen"-Visier, das verstiftete Rampenkorn und der Hogue-Monogrip. Der Trommeltransport zeichnet sich durch einen sehr gleichmäßigen Verlauf über alle sieben Stationen aus.

Smith & Wesson M 686 Distinguished Combat Magnum / $2\frac{1}{2}$ und 6 Zoll, technische Daten und Preise

Hersteller	Smith & Wesson Inc., Springfield/Massachusetts, USA			
Modell	M 686 Distinguished Combat Magnum	M 686 Target Champion	M 686 „The President's"	M 686 Distinguished Combat Magnum Plus
Kaliber	.357 Magnum/.38 Special			
Ausführung	Stainless Steel			
Gewicht	1276 g	1268 g	1287 g	967 g
Trommelkapazität	6 Patronen	6 Patronen	6 Patronen	7 Patronen
Länge	287 mm	293 mm	292 mm	188 mm
Breite	39,6 mm			
Höhe	152 mm	152 mm	150 mm	152 mm
Abstand Abzug-Griffrücken	SA 72 mm DA 83 mm	SA 76 mm DA 87 mm	SA 75 mm DA 86 mm	SA 72 mm DA 83 mm
Griffwinkel	110 Grad			
Griff/Griffschalen	Hogue-Monogrip	Nill-Holz-griffschalen	Nill-Holz-griffschalen	Hogue-Monogrip
Lauf	152 mm, fünf Züge rechts-drehend	152 mm, fünf Züge rechts-drehend	152 mm, fünf Züge rechts-drehend	64 mm, fünf Züge rechts-drehend
Trommeldurchmesser	39,6 mm			
Trommellänge	41,3 mm			
Trommelspalt	0,15 mm	0,20 mm	0,15 mm	0,15 mm
Abzugswiderstände *	SA 19,84 N/ 2,02 kp DA 53,78 N/ 5,49 kp	SA 23,29 N/ 2,38 kp DA 52,91 N/ 5,40 kp	SA 20,38 N/ 2,08 kp DA 49,62 N/ 5,06 kp	SA 20,92 N/ 2,13 kp DA 51,02 N/ 5,20 kp
Visierlänge/Visierlinie über Laufachse	198 mm/ 22 mm	192 mm/ 20 mm	192 mm/ 20 mm	110 mm/ 22 mm
Kimmenbreite/Kornbreite	3,3 mm/3,3 mm			
Preis inkl. MWSt.	929 Euro (2010)	1119 Euro (2010)	1329 Euro (2010)	840 Euro (2007)

*TriggerScan-Messungen

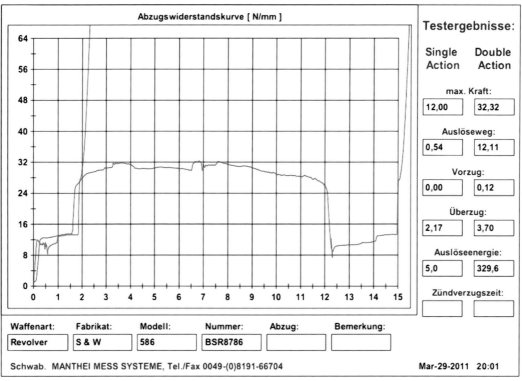

Abzugswiderstandskurve [N/mm]

Testergebnisse:

	Single Action	Double Action
max. Kraft:	12,00	32,32
Auslöseweg:	0,54	12,11
Vorzug:	0,00	0,12
Überzug:	2,17	3,70
Auslöseenergie:	5,0	329,6
Zündverzugszeit:		

Waffenart:	Fabrikat:	Modell:	Nummer:	Abzug:	Bemerkung:
Revolver	S & W	586	BSR8786		

Schwab. MANTHEI MESS SYSTEME, Tel./Fax 0049-(0)8191-66704   Mar-29-2011 20:01

M 586 Distinguished Combat Magnum mit Wilson-Combat-Federn

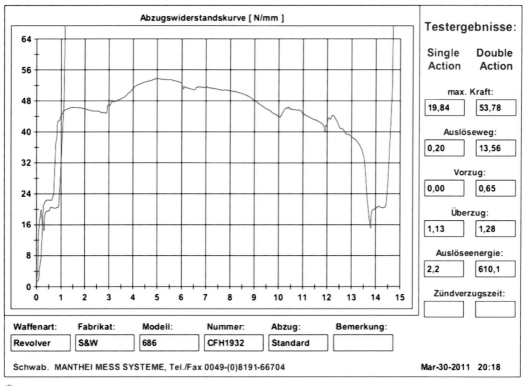

Abzugswiderstandskurve [N/mm]

Testergebnisse:

	Single Action	Double Action
max. Kraft:	19,84	53,78
Auslöseweg:	0,20	13,56
Vorzug:	0,00	0,65
Überzug:	1,13	1,28
Auslöseenergie:	2,2	610,1
Zündverzugszeit:		

Waffenart:	Fabrikat:	Modell:	Nummer:	Abzug:	Bemerkung:
Revolver	S&W	686	CFH1932	Standard	

Schwab. MANTHEI MESS SYSTEME, Tel./Fax 0049-(0)8191-66704   Mar-30-2011 20:18

M 686 Distinguished Combat Magnum

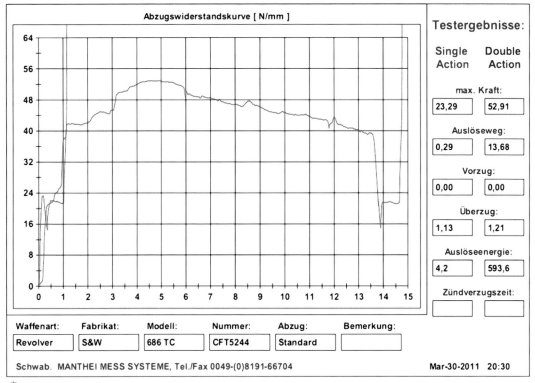

⊕ M 686 Target Champion

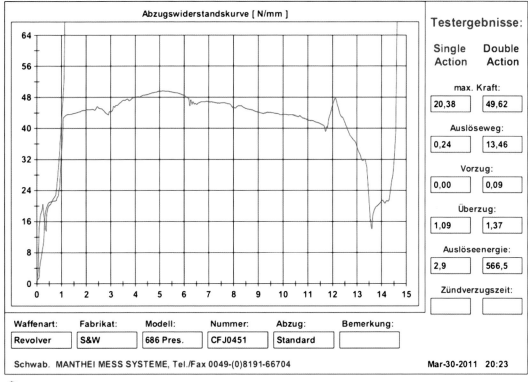

⊕ M 686 „The President's"

N-Rahmen-Modelle

1908, zwölf Jahre nach dem .38 Hand Ejector First Model, setzte der .44 Hand Ejector-Model New Century neue Maßstäbe. Das erste Large-Frame-Modell und die kurz zuvor (1907) eingeführte Patrone .44 Special folgten dem unwiderstehlichen Drang zu immer stärkeren Kalibern und leiteten eine weitere Baureihe ein. „Alles eine Nummer größer" genügte, um den Rahmen in einer späteren Entwicklungsstufe (N-Rahmen) sogar in der „großen" Magnumklasse bestehen zu lassen. K- und N-Rahmen im Vergleich zeigen nicht nur die kaliberbe-

dingten Verstärkungen des größeren Rahmens und den dazu passenden Kran. Auch die mit den Bohrungen gewachsene Trommel beansprucht eine ganz andere Dimensionierung des tragenden Teils und darin zwangsläufig ein Schloss, das trotz des gleichen Konstruktionsprinzips von der Größe der Komponenten her nicht übertragbar ist. Alles zusammen – und natürlich mit Lauf, Visierung und Griff – ergibt eine größere, schwerere und nicht mehr so handliche Waffe. Der „Triple Lock", eine von Smith & Wesson anfänglich noch für notwendig erachtete Dreifachverriegelung der Trommel über eine zusätzliche

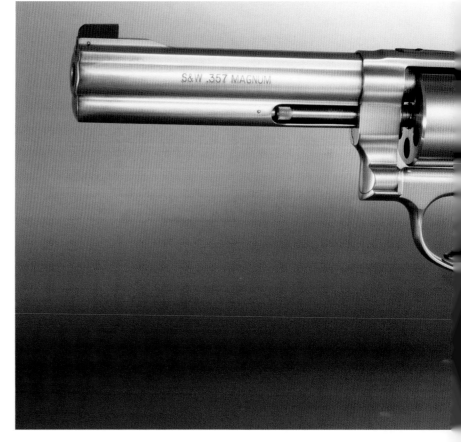

⊕ **Alle N-Rahmen-Modelle für kürzere Patronen enthalten den auch in anderen Baureihen praktizierten Längenausgleich: die Überbrückung des großen Trommelabstands vom Rahmenjoch durch den am Gewinde weit austretenden Lauf. Die Target-Champion-Variante des rostträgen 357er-Modells 627 zeigt die für Wischo-Sondermodelle charakteristische seidenmatte Oberfläche und bietet neben dem nicht weniger gebräuchlichen Millett-Visier einen Nill-Formgriff für einhändiges Schießen**

Arretierung am Kran, entfiel bereits 1915 wieder. Die Kaliberspanne reichte einmal von .38 bis .455 und umfasst aktuell noch 10 mm/.40, .45 ACP, .357/.38 und .44 Mag./.44 Spec.

Von den guten Anlagen des neuen Griffstücks profitierte bereits der als Army Model 1917 besser bekannte .45 Hand Ejector, ein in großer Stückzahl hergestellter Militärrevolver im Kaliber .45 ACP. Smith & Wesson brauchte nur die Trommellänge und den Laufaustritt am Rahmen auf die randlose Pistolenpatrone abzustimmen und das Gegenstück zur Colt .45 Automatic Government Model of 1911 mit je zwei halbmondförmigen

Ladeclips an die US-Streitkräfte auszuliefern. Eine kurze Trommel und der entsprechend abgelängte Lauf kennzeichneten auch die Modelle 27 und 28 Highway Patrolman für die 1935 vorgestellte Patrone .357 Magnum. Allerdings machten es die „kleinen" Magnums mit dem großen Rahmen ihren Trägern im wahren Sinne des Wortes oft nicht leicht. Weitere Beispiele für den großzügigen Einsatz des N-Rahmens sind die nachfolgenden Militärrevolver M 21 und M 22 in den Kalibern .44 Special und .45 ACP (1950), der Target-Ableger M 24 in beiden Kalibern sowie das Target-Modell 25 in .45 ACP (1955).

Im gleichen Jahr brachten Smith & Wesson und Remington den M 29 und die Patrone .44 Magnum gemeinsam auf Erfolgskurs. „Probably no handgun cartridge has received more publicity and attention than the .44 Magnum", stellte Munitionsexperte Dave Andrews im Speer Reloading Manual später fest, und die gleiche Aufmerksamkeit erregte selbstverständlich auch die Waffe, die den über 1300-Joule-Kraftzwerg zuerst verschoss. 1964 erschien der M 57 als Begleiter der weniger erfolgreichen Patrone .41 Remington Magnum. 1979 begann die Stainless-Steel-Variante M 629 mit dem brünierten M 29 zu konkurrieren, und seit 1988 führt der M 629 Classic den damals schon überfälligen Full Lug. Eine Zeitlang gab es speziell für Sportschützen noch den achtzölligen M 629 Classic DX mit garantierter Maximalstreuung von einem Zoll auf 25 Yards aus der Schießmaschine sowie fünf Wechselkornen.

⊕ 1955 entwickelten Remington und Smith & Wesson annähernd zeitgleich die für lange Zeit stärkste Revolverpatrone .44 Magnum und das darauf abgestimmte Karbonstahl-Modell 29 mit dem großen Rahmen. Seit 1979, 14 Jahre nach dem revolutionären M 60, ist auch der ständig weiterentwickelte M 629 in Stainless Steel auf dem Markt – klassisch mit dem kurzen Ausstoßerstangengehäuse, dem sogenannten Half Lug

⊕ Der durchschlagende Erfolg der L-Rahmen-Modelle veranlasste Smith & Wesson 1988 wohl nicht nur wegen der besseren Balance, einen zweiten 44er als M 29/629 Classic mit langem Laufunterzug (Full Lug) aufzulegen. Auch die gelungene Optik hat sicherlich mit dazu beigetragen. Der CL tritt in einer ganzen Reihe von Ausstattungsvarianten mit Lauflängen zwischen 4 und 12 Zoll an

N-Rahmen-Modelle in Deutschland

Importeure	Wischo-Jagd- und Sportwaffen GmbH & Co. KG, Erlangen Albrecht Kind GmbH (Akah), Gummersbach					
Modell	Ausführung	Kaliber	Lauflänge	Trommel-kapazität	Gewicht *	Preis (inkl. MWSt.)
M 610	Stainless Steel	10 mm Auto/ .40 S&W	4 "/102 mm	6 Patronen	ca. 1280 g	1108 € (2004)
M 625	Stainless Steel (matt)	.45 ACP	5 "/127 mm	6 Patronen	ca. 1275 g	983 € (2010)
M 627 Target Champion	Stainless Steel (matt, ungeflu-tete Trommel)	.357 Magnum/ .38 Special	6 "/152 mm	6 Patronen	1430 g	1299 € (2010)
M 29	Stahl (brüniert)	.44 Magnum/ .44 Special	$6\frac{1}{2}$ "/165 mm	6 Patronen	ca. 1375 g	1249 € (2010)
M 629	Stainless Steel	.44 Magnum/ .44 Special	4 "/102 mm	6 Patronen	ca. 1180 g	970 € (2005)
M 629	Stainless Steel	.44 Magnum/ .44 Special	6 "/149 mm	6 Patronen	1277 g	1039 € (2010)
M 629	Stainless Steel	.44 Magnum/ .44 Special	$8\frac{3}{8}$ "/213 mm	6 Patronen	ca. 1400 g	1246 DM (1996)
M 629 Classic	Stainless Steel	.44 Magnum/ .44 Special	5 "/127 mm	6 Patronen	ca. 1380 g	999 € (2007)
M 629 Classic	Stainless Steel	.44 Magnum/ .44 Special	6 "/152 mm	6 Patronen	ca. 1390 g	935 € (2006)
M 629 Classic	Stainless Steel	.44 Magnum/ .44 Special	$6\frac{1}{2}$ "/165 mm	6 Patronen	1370 g	1039 € (2010)
M 629 Classic	Stainless Steel	.44 Magnum/ .44 Special	$8\frac{3}{8}$ "/213 mm	6 Patronen	ca. 1500 g	1086 € (2003)
M 629 Classic Power Port	Stainless Steel	.44 Magnum/ .44 Special	$6\frac{1}{2}$ "/165 mm	6 Patronen	ca. 1550 g	1021 € (2005)
M 629 Classic DX	Stainless Steel	.44 Magnum/ .44 Special	$6\frac{1}{2}$ "/165 mm	6 Patronen	ca. 1400 g	999 € (2006)
M 629 Classic DX	Stainless Steel	.44 Magnum/ .44 Special	8 "/203 mm	6 Patronen	ca. 1480 g	1389 € (2003)
M 629 Classic Champion	Stainless Steel (matt, ungeflu-tete Trommel)	.44 Magnum/ .44 Special	6 "/152 mm	6 Patronen	ca. 1400 g	1369 € (2010)
M 629 Competitor	Stainless Steel (matt)	.44 Magnum/ .44 Special	6 "/152 mm	6 Patronen	ca. 1500 g	1656 € (2003)
M 629 Extrem-Hunter	Stainless Steel (matt)	.44 Magnum/ .44 Special	12 "/305 mm	6 Patronen	ca. 1700 g	1654 € (2007)

* Herstellerangaben

Smith-Wesson M 627 Target Champion / 6 Zoll, M 629 / 6 Zoll und M 629 Classic / 6 ½ Zoll, technische Daten und Preise

Hersteller	Smith & Wesson Inc., Springfield/Massachusetts, USA		
Modell	M 627 Target Champion	M 629	M 629 Classic
Kaliber	.357 Magnum/ .38 Special	.44 Magnum/ .44 Special	.44 Magnum/ .44 Special
Ausführung	Stainless Steel		
Gewicht	1430 g	1277 g	1370 g
Trommelkapazität	6 Patronen		
Länge	293 mm	288 mm	305 mm
Breite	43,5 mm		
Höhe	154 mm	157 mm	157 mm
Abstand Abzug-Griffrücken	SA 77 mm DA 88 mm	SA 72 mm DA 83 mm	SA 72 mm DA 83 mm
Griffwinkel	110 Grad		
Griff	Nill-Formgriff	Combat	Edelholz
Lauf	152 mm, fünf Züge rechtsdrehend	149 mm, fünf Züge rechtsdrehend	165 mm, fünf Züge rechtsdrehend
Trommeldurchmesser	43,5 mm		
Trommellänge	40 mm	43,3 mm	43,3 mm
Trommelspalt	0,12 mm	0,15 mm	0,15 mm
Abzugswiderstände *	SA 16,78 N/1,71 kp DA 61,06 N/6,23 kp	SA 21,78 N/2,22 kp DA 66,64 N/6,80 kp	SA 23,84 N/2,43 kp DA 54,38 N/5,55 kp
Visierlänge/Visierlinie über Laufachse	192 mm/20 mm	200 mm/23 mm	215 mm/23 mm
Kimmenbreite/ Kornbreite	3,3 mm/3,3 mm		
Preis inkl. MWSt.	1299 Euro (2010)	1039 Euro (2010)	1039 Euro (2010)

*TriggerScan-Messungen

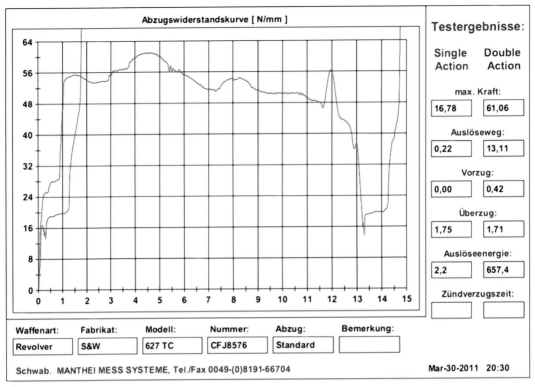

M 627 Target Champion

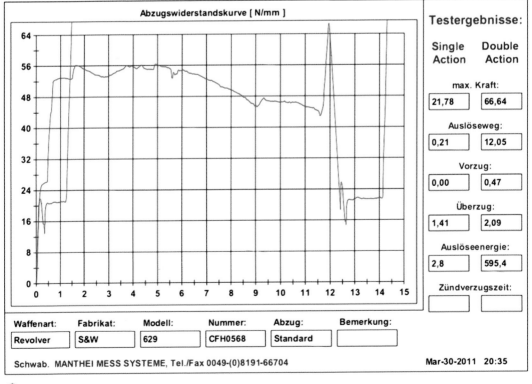

M 629

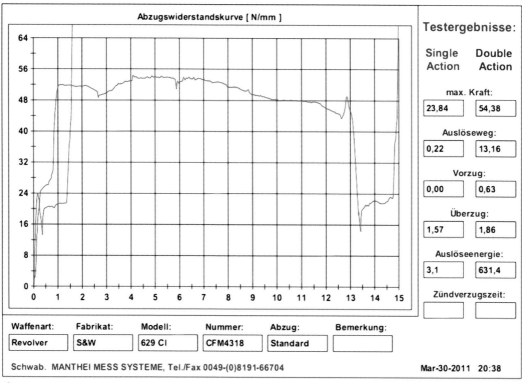

Abzugswiderstandskurve [N/mm]

Testergebnisse:

	Single Action	Double Action
max. Kraft:	23,84	54,38
Auslöseweg:	0,22	13,16
Vorzug:	0,00	0,63
Überzug:	1,57	1,86
Auslöseenergie:	3,1	631,4
Zündverzugszeit:		

Waffenart:	Fabrikat:	Modell:	Nummer:	Abzug:	Bemerkung:
Revolver	S&W	629 Cl	CFM4318	Standard	

Schwab. MANTHEI MESS SYSTEME, Tel./Fax 0049-(0)8191-66704   Mar-30-2011 20:38

◈ **M 629 Classic**

J-Rahmen-Modelle

Als Waffe zur Selbstverteidigung oder im jagdlichen Gebrauch wetteifert der kurzläufige Revolver noch immer erfolgreich mit der Pistole. Aber nicht nur Profis und Jäger schätzen die besonderen Eigenschaften der unter Zwei- bis Dreizöller: die Kompaktbauweise, das geringe Gewicht, die schnelle Schussbereitschaft, den hohen Wirkungsgrad vor allem im Kaliber .357 Magnum, die Sicherheit und die uneingeschränkte Zuverlässigkeit. Auch auf Sportschützen üben die „Snubnoses" und Ähnliche eine große Faszination aus, zumal der BDS (ab drei Zoll) und internationale Verbände entsprechende Disziplinen im Angebot haben. Smith & Wesson bedient seine Klientel seit Einstellung der I-Rahmen-Modelle um 1950 mit den kaliberstärkeren J-Rahmen-Modellen. Munitionsbedingte Unterschiede in den Abmessungen und der Trommelkapazität (fünf bis acht Schuss) verstehen sich von selbst.

Entgegen der Praxis, das Basismodell einer Baureihe durch engere Toleranzen, andere Oberflächen und bestimmte Ausstattungsdetails bis zum Sondermodell aufzurüsten, bietet Smith & Wesson bei den J-Rahmen-Modellen wirkliche Typenvielfalt. Die Revolver für die Handtasche wie der Lady Smith (mit M-Rahmen bis 1921 noch LadySmith geschrieben), für das verdeckte Tragen wie der Bodyguard, für das Schnellziehholster wie der Chiefs Special oder für die Ausrüstung von Jägern wie der Airlite Ti SC Kit Gun unterscheiden sich auch in Material, Ausführung und Hand-habung. Unter Airlite zum Beispiel versteht Smith & Wesson Revolver mit Leichtmetallrahmen und Stahltrommel, unter Airlite Ti noch leichtere Modelle mit Leichtmetall-

rahmen und Titantrommel. Und selbst in der Ti-Reihe gibt es markante Unterschiede. So sind drei der 340-Gramm-Leichtgewichte – die $1\frac{7}{8}$-zölligen M 332 Centennial im Kaliber .32 H&R Magnum (.32 Harrington &

⊕ Frau Förstner ist weder Försterin noch Jägerin. Dennoch steht ihr der Lady Smith wirklich gut

Richardson Magnum), M 342/342 PD Centennial in .38 Special und M 340 Centennial in .357 Magnum/.38 Special – mit geschlossenem Rahmen ausgestattet. Die Hahnverkleidung und die Visierung, die mit eingefräs-ter Rechteckkimme in der Rahmenbrücke und Rampenkorn auskommt, sollen ein unbehindertes Ziehen der Waffe garantieren. In den Centennials ist das Schloss also nur in Double Action Only zu betätigen. Statt eines

🌐 **Gegenüber dem K-Rahmen-Modell 65 Lady Smith in .357 Magnum baut der M 36 LS als 38er auf dem kleineren J-Rahmen. Besonders ladylike sind die polierten Edelholz-Griffschalen**

Hahns mit Sporn und der typischen Blattfeder verwendet Smith & Wesson ein oben abgeflachtes Schlagstück mit stangengeführter Schraubenfeder. Ein rückfedernder Schlagbolzen im Rahmen ersetzt den beweglichen Zündstift, und die sonst am Schieber angelenkte Hahnsperre entfällt. Als Sicherungen verbleiben der Hahnrücksprung und die Unterlänge des Schlagbolzens. Denn auf den Hahn kann ein Centennial ja nicht fallen. Die anderen Ti's besitzen das übliche Single- und Double-Action-Schloss.

Leichtmetallrahmen und die freie Wahl zwischen offenem und verdecktem Hahn kennzeichnen auch die $1\frac{7}{8}$- bis zweizölligen 38er-Airweight-Modelle M 637 Chiefs Special, M 638 Bodyguard und M 642 Centennial. Gegenüber dem Hahn- und Abzugsspanner Chiefs und dem Nur-Abzugsspanner Centennial bietet der Bodyguard noch die Möglichkeit, den leicht überstehenden Hahn notfalls mit dem Daumen spannen zu kön-

◈ **Der M 60 Chiefs Special Magnum ist nicht gemeint, wenn es um den ersten Smith & Wesson in Stainless Steel geht. Ruhm und Ehre gebühren allein dem 1965er-Chiefs in .38 Special**

nen. Dazu ist der Rahmenbuckel ausgeschnitten und führt einen fast „normalen" Hahn, dessen gerade noch im Ansatz vorhandener Sporn bissig geriffelt ist. Gespannt wird über die gleiche Schlagfeder wie beim Centennial, gezündet mit dem Schlagbolzen im Rahmen und gesichert durch das komplette Sicherungssystem des Originalschlosses. Die Airweights wiegen zwischen 420 und 430 Gramm. Alle anderen J-Rahmen-Modelle sind Stainless-Steel-Waffen wie die 357er

M 640 Centennial Magnum und M 649 Bodyguard Magnum. Oder die konventionellen Nachfolger des Chiefs Special von 1950 wie der M 36 Lady Smith im Kaliber .38 Special und der M 60 Chiefs Special Magnum in .357 Magnum/.38 Special. Noch als 38er löste der Chiefs 1965 die Welle der Stainless-Steel-Revolver aus. In Vietnam, so wird berichtet (Boorman), hätten GI's sogar Alkoholika und Bekanntschaften gegen das 85 Dollar teure Edelstahlmodell getauscht...

⌖ **M 60: Im Prinzip das bekannte Schloss. Es ist nur mit dem J-Rahmen „geschrumpft" und hat anstelle der üblichen Blattfeder eine Schraubenfeder. Seit Einführung der MIM-Spritzgusstechnik ersetzt ein rahmengebundener Schlagbolzen den Zündstift am Hahn**

⊕ Kompakt und nur für den praktischen Gebrauch: links der M 649 Bodyguard Magnum mit weitgehend verdecktem Hahn, rechts das DAO-Modell 640 Centennial Magnum

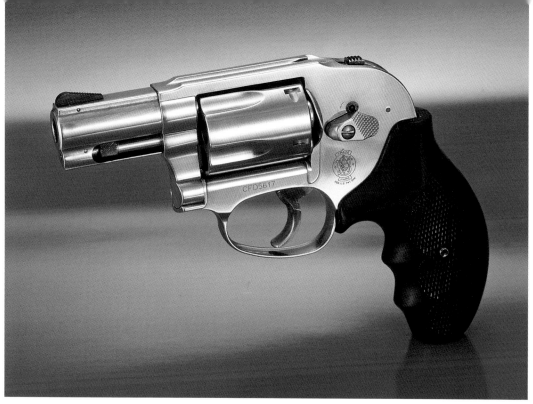

⊕ Gäbe es den Begriff „Semi-DAO", würde er hier greifen: Double Action Only – und zur Not auch Single Action. Im Übrigen, und das ist ja Sinn der Sache, geht der Bodyguard dem Leibwächter glatt zur Hand

⊕ Der Hahn des Bodyguard-Schlosses lässt den Mini-Sporn gerade noch erkennen

⊕ Kompromisslos: Double Action Only – und sonst nichts. Auf den zweiten Blick unterscheidet sich der Centennial vom Bodyguard durch den Rahmenhöcker für die höher gelegene Schlossplattenschraube

⊕ Beim Centennial genügt der Hahnrücksprung. Die zusätzliche Schlag- und Fallsicherung durch die am Abzug angelenkte Hahnsperre entfällt

Titan als zäher und leichter Werkstoff für hochbelastete Teile wie das Pleuel des früheren Porsche-TAG-Turbo-Grand-Prix-Motors ist in der Automobiltechnik längst angekommen. Auch in der zivilen Waffentechnik gewinnt das exotische Metall zunehmend an Bedeutung – etwa bei den Race Guns für das IPSC-Schießen. Smith & Wesson kombiniert Trommeln aus einer Titanlegierung mit Rahmen aus einer Aluminiumlegierung und führt die Modelle bezeichnenderweise unter Airlite Ti. Im Bild der partiell schwarz eloxierte M 337 Airlite Ti PD im Kaliber .38 Special + P

⊕ **M 337 Airlite Ti PD en bloc und im Detail: Der fünfschüssige 38er wiegt nur 312 Gramm**

Titan-Trommel mit ausgeschöpftem Fassungsvermögen

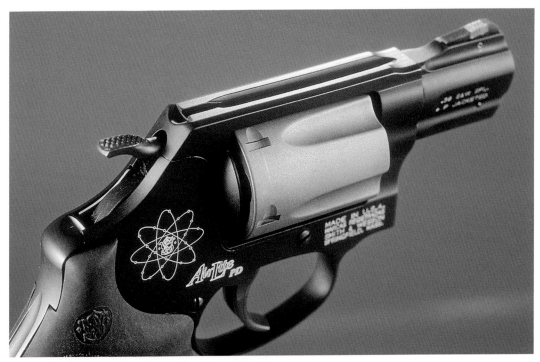

⊕ Kimme in der Rahmenbrücke, verstiftetes Rampenkorn im Laufmantel

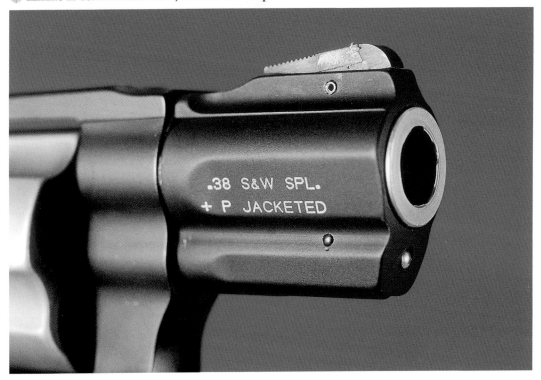

J-Rahmen-Modelle in Deutschland

Importeure	Wischo-Jagd- und Sportwaffen GmbH & Co.KG, Erlangen Albrecht Kind GmbH (Akah), Gummersbach					
Modell	Ausführung	Kaliber	Lauflänge	Trommel-kapazität	Gew. *	Preis (inkl. MWSt.)
M 317 Airlite	LM/Stahl	.22 l.r.	$1\frac{7}{8}$"/48 mm	8 Patronen	ca. 300 g	725 € (2007)
M 317 Airlite	LM/Stahl	.22 l.r.	3"/76 mm	8 Patronen	ca. 380 g	793 € (2007)
M 331 Airlite Ti	LM/Titan	.32 H&R Magnum	$1\frac{7}{8}$"/48 mm	6 Patronen	ca. 380 g	1012 € (2003)
M 332 Airlite Ti Centennial	LM/Titan, Abzug DAO	.32 H&R Magnum	$1\frac{7}{8}$"/48 mm	6 Patronen	ca. 340 g	1037 € (2009)
M 337 Airlite Ti	LM/Titan	.38 Special	$1\frac{7}{8}$"/48 mm	5 Patronen	ca. 340 g	941 € (2002)
M 337 Airlite Ti PD	LM (schwarz eloxiert)/Titan	.38 Special	$1\frac{7}{8}$"/48 mm	5 Patronen	312 g	1041 € (2004)
M 337 Airlite Ti Kit Gun	LM/Titan	.38 Special	$3\frac{1}{5}$"/81 mm	5 Patronen	ca. 390 g	883 € (2007)
M 342 Airlite Ti Centennial	LM/Titan, Abzug DAO	.38 Special	$1\frac{7}{8}$"/48 mm	5 Patronen	ca. 340 g	1034 € (2003)
M 342 Airlite Ti Centennial PD	LM (schwarz eloxiert)/ Titan, Abzug DAO	.38 Special	$1\frac{7}{8}$"/48 mm	5 Patronen	ca. 340 g	1067 € (2003)
M 36 Lady Smith	Stahl (brüniert)	.38 Special	$1\frac{7}{8}$"/48 mm	5 Patronen	575 g	693 € (2007)
M 637-.38 Chiefs Special Airweight	LM/Stahl	.38 Special	$1\frac{7}{8}$"/48 mm	5 Patronen	ca. 420 g	593 € (2007)
M 638 Bodyguard Airweight	LM/Stahl	.38 Special	$1\frac{7}{8}$"/48 mm	5 Patronen	ca. 425 g	730 € (2002)
M 638 Bodyguard Airweight	LM/Stahl	.38 Special	2"/51 mm	5 Patronen	ca. 430 g	564 € (2007)
M 642 Centennial Airweight	LM/Stahl, Abzug DAO	.38 Special	2"/51 mm	5 Patronen	ca. 430 g	560 € (2007)
M 640 Centennial Magnum	Stainless Steel, Abzug DAO	.357 Magnum/ .38 Special	$2\frac{1}{8}$"/54 mm	5 Patronen	645 g	635 € (2007)
M 340 Airlite Ti SC Centennial	LM/Titan, Abzug DAO	.357 Magnum/ .38 Special	$1\frac{7}{8}$"/48 mm	5 Patronen	ca. 340 g	1008 € (2007)
M 360 Airlite Ti SC Kit Gun	LM/Titan (Hi-Viz-Visierung)	.357 Magnum/ .38 Special	$3\frac{1}{8}$"/79 mm	5 Patronen	ca. 370 g	1109 € (2003)

Modell	Ausführung	Kaliber	Lauflänge	Kapazität	Gewicht	Preis
M 360 Airlite Ti SC Chiefs Special	LM/Titan	.357 Magnum/ .38 Special	$1\frac{7}{8}$ "/48 mm	5 Patronen	ca. 340 g	985 € (2007)
M 60 Chiefs Special Magnum	Stainless Steel	.357 Magnum/ .38 Special	$2\frac{1}{8}$ "/54 mm	5 Patronen	ca. 640 g	819 € (2009)
M 60 Chiefs Special Magnum	Stainless Steel	.357 Magnum/ .38 Special	3 "/76 mm	5 Patronen	685 g	766 € (2007)
M 60 Chiefs Special Magnum	Stainless Steel	.357 Magnum/ .38 Special	5 "/127 mm	5 Patronen	864 g	813 € (2007)
M 60 Night Hunter	Stainless Steel	.357 Magnum/ .38 Special	3 "/76 mm	5 Patronen	ca. 680 g	899 € (2007)
M 649 Bodyguard Magnum	Stainless Steel	.357 Magnum/ .38 Special	$2\frac{1}{8}$ "/54 mm	5 Patronen	640 g	790 € (2007)

* Herstellerangaben

J-Rahmen-Modelle, technische Daten und Preise

Hersteller	Smith & Wesson Inc., Springfield/Massachusetts, USA				
Modell	M 337 Airlite Ti PD	M 36 Lady Smith	M 60 Chiefs Special Mag.	M 649 Body- guard Mag.	M 640 Cen- tennial Mag.
Kaliber	.38 Special	.38 Special	.357 Magnum/ .38 Special	.357 Magnum/ .38 Special	.357 Magnum/ .38 Special
Ausführung	LM (schwarz eloxiert)/Titan	Stahl (brüniert)	Stainless Steel		
Gewicht	312 g	575 g	685 g	640 g	645 g
Trommelkapazität	5 Patronen				
Länge	161 mm	161 mm	193 mm	172 mm	172 mm
Breite	33,2 mm				
Höhe	110 mm	110 mm	132 mm	127 mm	127 mm
Abstand Abzug- Griffrücken	SA 61 mm DA 71 mm	SA 62 mm DA 72 mm	SA 66 mm DA 76 mm	SA 66 mm DA 76 mm	DAO 76 mm
Griffwinkel	110 Grad				
Griff	Combat	Edelholz	Combat		
Lauf	48 mm, fünf Züge rechts- drehend	48 mm, fünf Züge rechts- drehend	76 mm, fünf Züge rechts- drehend	54 mm, fünf Züge rechts- drehend	54 mm, fünf Züge rechts- drehend
Trommel- durchmesser	33,2 mm				
Trommellänge	40,5 mm				
Trommelspalt	0,12 mm	0,15 mm	0,15 mm	0,30 mm	0,20 mm

Abzugs-widerstände *	SA 13,39 N/ 1.37 kp DA 54,85 N/ 5,59 kp	SA 12,77 N/ 1,30 kp DA 53,65 N/ 5,47 kp	SA 13,09 N/ 1,34 kp DA 54,48 N/ 5,56 kp	SA 13,50 N/ 1,38 kp DA 53,78 N/ 5,49 kp	DAO 55,99 N/ 5,71 kp
Visierlänge/ Visierlinie über Laufachse	93 mm/ 14 mm	90 mm/ 14 mm	124 mm/ 18 mm	96 mm/ 14 mm	100 mm/ 14 mm
Kimmenbreite/ Kornbreite	3,3 mm/3,3 mm				
Preis inkl. MWSt.	1041 Euro (2004)	693 Euro (2007)	766 Euro (2007)	790 Euro (2007)	635 Euro (2007)

*TriggerScan-Messungen

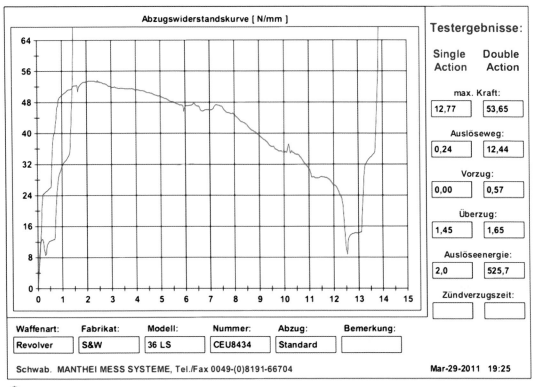

M 36 Lady Smith

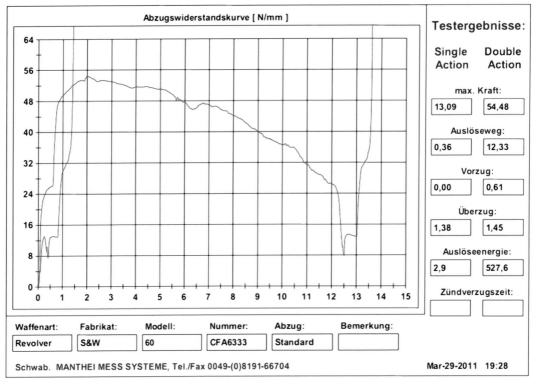

M 60 Chiefs Special Magnum

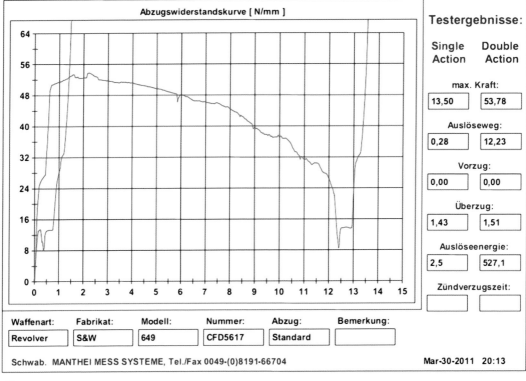

M 649 Bodyguard Magnum

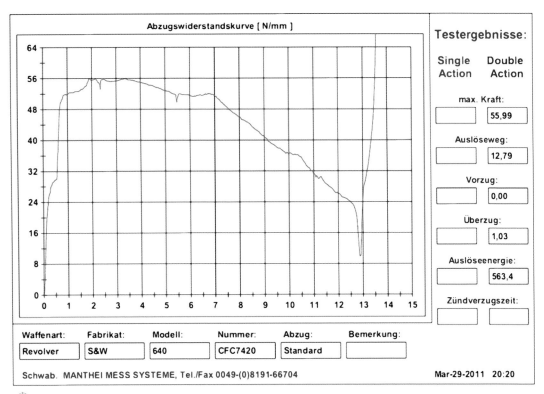

Abzugswiderstandskurve [N/mm]

Schwab. MANTHEI MESS SYSTEME, Tel./Fax 0049-(0)8191-66704

Mar-29-2011 20:20

Testergebnisse:

	Single Action	Double Action
max. Kraft:		55,99
Auslöseweg:		12,79
Vorzug:		0,00
Überzug:		1,03
Auslöseenergie:		563,4
Zündverzugszeit:		

Waffenart:	Fabrikat:	Modell:	Nummer:	Abzug:	Bemerkung:
Revolver	S&W	640	CFC7420	Standard	

M 640 Centennial Magnum (DAO)

Korth

Waffenmanufaktur: Jeder Korth Combat, Sport und Scheibenrevolver ist ein Unikat

Über Korth und „den" Korth ist schon so viel Erhebendes und Abgehobenes geschrieben worden, dass hier der Hinweis auf den erfüllten höchsten Qualitätsanspruch und ein kurzer Abriss der zuletzt doch sehr bewegten Firmengeschichte genügen. Die Gründung des kleinen Unternehmens – die Zahl der Beschäftigten lag damals bei fünf – fiel in eine Zeit, als in Deutschland der Bau und Verkauf „scharfer" Waffen noch verboten und nur das Verschießen von Kartuschenmunition, pyrotechnischer Munition, Reizstoffen und anderen Wirkstoffen erlaubt war.

1954 Willi Korth baut im Keller seines Hauses bei Ratzeburg den ersten Gasrevolver. Für das Original und die anlaufende Serie verwendet er Laufstähle aus dem Zweiten Weltkrieg, die er nach Erschöpfung des Vorrats durch andere hochwertige Stähle ersetzt. Die Qualität hat absoluten Vorrang und ermöglicht ihm den Verkauf von 20000 Exemplaren. Der Erfolg trägt auch den Umzug in eine größere Werkstatt.

1965 Die Ära „scharfer" Korth-Waffen beginnt. Willi Korth legt eine Kleinserie von 300 Dienstrevolvern im Kaliber .38 Special auf und erfreut sich mit zivilen Modellen von .22 l. r. bis .357 Magnum bei Sportschützen, Jägern und später auch Sammlern zunehmender Beliebtheit. Trotz hoher Preise setzen Korth und seine Nachfolger bis 2002 über 18000 Dienst-, Combat-, Sport- und Scheibenrevolver einschließlich limitierter Jubiläumsausgaben, 300 Stainless-Steel-Revolver, 30 Revolver vom Typ Triple Lock mit dreifacher Trommelverriegelung, 20 Sondermodelle und dazu 280 Pistolen ab. Ende 2002 verlässt die laufende Nummer 39016 Ratzeburg.

1981 Willi Korth verkauft seine Geschäftsanteile an Alexander Kückens, Nikolas Graf von Bernstorff und Uwe Dieter Kost. Gründung der Korth GmbH & Co. KG. Korth selbst arbeitet als Produktionsleiter noch bis 1983 mit.

1989 Die Korth GmbH & Co. KG geht in Vergleich. Eine Auffanggesellschaft, die Korth Vertriebsgesellschaft mbH unter Leitung des Grafen von Bernstorff, übernimmt den Vertrieb der Bestände und erhält noch im gleichen Jahr die Herstellerlizenz. Die Manufaktur beschäftigt bis zu 30 Mitarbeiter.

1999 Konkurs der Korth Vertriebsgesellschaft mbH.

2000 Gaston Freylinger, Geschäftsführer der Armurerie Freylinger & Cie., Herstellung von Büchsen und Waffenhandel, Luxemburg, erhält beim Verkauf der Korth Vertriebsgesellschaft mbH den Zuschlag und führt das Unternehmen als Korth Germany GmbH mit fünf Mitarbeitern aus der alten Belegschaft weiter. Prokuristin Silke Musik, langjährige Verkaufsleiterin bei Korth, trägt die Verantwortung für die Freylinger-Tochter.

2001 Die Armurerie Freylinger & Cie. expandiert auf den amerikanischen Markt. Gründung der Korth USA in Tewksbury, Massachusetts.

2008 Schließung der Manufaktur in Ratzeburg.

2009 Umzug der Korth Germany GmbH nach Lollar bei Giessen. Als neuer Geschäftsführer agiert Andreas Weber.

Nicht alle genehmigungspflichtigen Korth-Revolver folgen dem gleichen Konstruktionsprinzip. So lehnt sich der $2\frac{3}{8}$-zöllige 38er von 1965 noch stark an seine amerikanischen Vorbilder an, und auch ein früher Sechs-Zoll-Scheibenrevolver in den Kalibern .22 l. r., .22 Winchester Magnum und .357 Magnum verriegelt die Trommel nur in der Stoßbodenplatte, entriegelt sie über einen Schieber links am Rahmen und verzichtet auf ein Ausstoßerstangengehäuse. Erst das Modell Combat verbindet alles, was den Korth noch immer ausmacht: zähen, harten Stahl, erstklassige Verarbeitung und geringste Toleranzen mit überdurchschnittlicher Wartungsfreundlichkeit, Zuverlässigkeit und Leistungsfähigkeit. Oder mit den Worten des Werbetexters: Stahlgewordene Präzision.

Das Angebot bis 2003 umfasst die Modelle Combat, Sport und Scheibenrevolver in den Festkalibern .22 l. r., .22 Winchester Magnum, .32 Smith & Wesson Long Wad Cutter, 9 mm Parabellum, 9x21 IMI, .38 Special und .357 Magnum/.38 Special, oder mit Wechseltrommeln .22 Winchester Magnum/.22 l. r., .357 Magnum/.38 Special (nur Combat), .357 Magnum/9x21 IMI und .357 Magnum/9 mm Parabellum. Combat und Sport kommen auf Lauflängen von 3, 4, $5\frac{1}{4}$, 6 und 8 Zoll, der Schei-

⊕ Deutsche Wertarbeit: Korth. 70 Prozent „Mannstunden" von den ersten Fräsarbeiten am Schmiederohling des Rahmens bis zum letzten Feinschliff stecken in diesem Modell Sport. Standardausführung, Wechseltrommel und Kleinteile summieren sich auf 6000 Euro

 Troja steht für Trojanisches Pferd und wirbt für den Korth im Korth: Ohne die glänzende Oberfläche ermäßigen sich die Preise für die Combat- und Sport-Trojaner um knapp 25 Prozent

⊕ Sonderausstattungen, Gravuren und mehr sind keine preislichen Limits gesetzt. Schon tiefgestochene Arabesken zur Auflockerung plasmabeschichteter Oberflächen kosten 2000 Euro plus. Und der goldene Drache faucht erst für einen fünfstelligen Euro-Betrag

benrevolver tritt mit $5\frac{1}{4}$ oder 6 Zoll an. Weitere Unterschiede bestehen in der Visierung, die beim Combat eine im Rahmen eingelassene Kimme mit Höhen- und Seitenverstellung sowie ein Rampenkorn (Schnellziehkorn) vorsieht. Das Modell Sport hat ein Mikrometervisier mit festem Kimmenausschnitt und ein Hakenkorn, der Scheibenrevolver ein Mikrometervisier mit austauschbaren Kimmenblättern und das gleiche Korn. Visiere und Korne sind Korth-Produkte. Dazu kommen unterschiedliche Griffschalen aus glattem oder „fischhäutigem" Nussbaumholz, Luxusgriffschalen aus Edelhölzern und für den Scheibenrevolver punzierte Nussbaumholz-Griffschalen mit verstellbarer Handkantenauflage.

Die ab 2004 um die Hochglanzpolitur und einige Euros „ärmeren" Combat- und Sport Troja verfügen über ein satiniert-brüniertes Finish. Alle anderen Revolver sind hochglanzbrüniert oder mit einer Plasma-Oberflächenbeschichtung (PVD) mit Zirkonium (Anthrazit), Chrom-Titan (Silber), Titan (Gold) oder Titan-Aluminium (blauschimmernd) versehen und auf Wunsch mit fast jeder beliebigen Gravur erhältlich. Die Preise liegen zwischen 2998 Euro für die Combat- und Sport Troja in Standardausführung und 5585 Euro für den plasmabeschichteten Scheibenrevolver mit Wechseltrommel. Tiefgestochene Arabesken mit Platineinlage auf polierter Oberfläche kosten weitere 2045 Euro, und bei den Luxusrevolvern mit individuell gestalteten Mustern, Monogrammen, Wappen und dergleichen heißt es: Preis auf Anfrage.

In der Technik unterscheiden sich die neueren Korth-Modelle nicht. Unabhängig von Kaliber und Ausstattung entsprechen sie noch immer Willi Korths erstem Combat, der innovativ aber nicht unbedingt revolutionär bereits die Trommelentriegelung durch das „Korth-Rädchen" rechts vom Hahn, den Schnellverschluss des Trommelkrans, die Feinjustierung des Abzugswiderstands von außen und den Spannabzug mit veränderlicher Charakteristik enthielt. Nur das Material und zum Teil auch die Herstellungsverfahren änderten sich. Der Rahmen, nach Smith & Wesson-Maßstäben ein mittlerer, entsteht in anspruchsvoller Fräsarbeit aus einem gesenkgeschmiedeten 16MnCr5-Rohling. Den gleichen hochfesten Chrom-Mangan-Werkzeugstahl verwendet Korth auch für den Trommelkran, die Trommel und den Laufmantel. Allerdings werden diese Teile schon auf CNC-Automaten hergestellt. In weiteren Arbeitsgängen erhalten sämtliche Oberflächen noch ihren konturscharfen Schliff, eine Einsatzhärte von 56 bis 61 Rockwell und – in zeitraubender Handarbeit – ihre Feinstpolitur.

Der auch in den Öffnungen sehr sauber verarbeitete Rahmen führt den nach links ausschwenkenden Trommelkran ohne spürbares Spiel in einer Längsbohrung, und ebenso spielfrei arretiert das druckknopfbetätigte Schnellwechselsystem den Kran in Längsrichtung. In der Kranachse verläuft der Druckstift der Trommelsperre, die nach dem Ausbau der Kran/Trommel-Einheit durchhängt, und auf der Hohlwelle des Krans rotiert auch die Walze mit kleinsten axialen

⊕ **Wechselsystem mit Schnellverschluss: Ein Knopfdruck genügt, um Kran und Trommel vom Rahmen zu trennen. Die eingewechselte Kombination für die kürzere oder längere Patrone rastet bei leichtem Druck auf den Kran spielfrei ein**

wie radialen Toleranzen. Die in allen Kalibern sechsschüssige Trommel zeigt feingedrehte Kammern, einen deutlich abgesetzten Schmauchring und einen exakt eingepassten Ausstoßerstern mit korrespondierender Kennung in den Endziffern der Herstellungsnummer – beim abgebildeten Exemplar 0-9-8-1 für 38981. Im Kaliber 9 mm Parabellum ersetzt ein begrenzt drehbarer Stern die Ladehilfe von außen. Relativ starke Federn im Ausstoßerstangengehäuse und auf

der einteiligen Verriegelungs- und Ausstoßerstange kontrollieren den Eingriff am Stoßboden sowie die Widerstände beim Ausschwenken der Trommel und Ausstoßen der Hülsen. Die nach links aus der Verriegelung gleitende Stange überläuft den Transportklinkenschlitz.

Das Innenleben des Korth findet unter der doppelt verschraubten Schlossplatte links am Rahmen statt. Eine spezielle Ausfräsung in der gegenüberliegenden Rahmen-

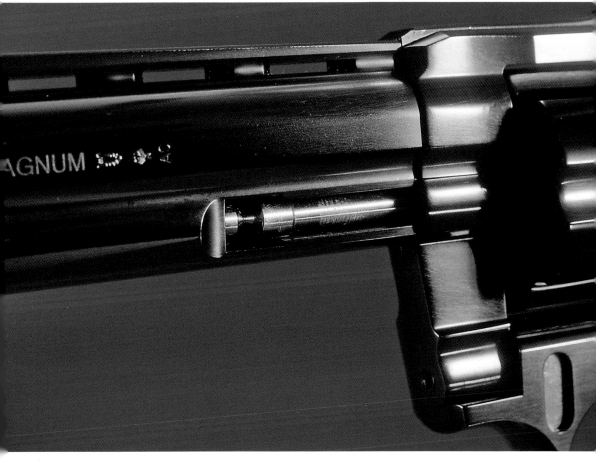

⊕ **Trommelverriegelung mit zylindrischem Ausstoßerstangenkopf in einer passgenauen Gehäusebohrung ...**

wandung beherbergt den gefederten Entriegelungshebel, der bei Druck auf das „Rädchen" um die Hahnachse schwingt und mit dem vorderen Schenkel seines Dreiecks die Verriegelungs- und Ausstoßerstange aus der Rahmenbohrung und ihren formschlüssigen Kopf aus einer nach links geöffneten Bohrung im Ausstoßerstangengehäuse schiebt. Dahinter steckt die Idee, alles mit dem rechten Daumen und Zeigefinger ohne Umgreifen erledigen zu können: die Ent-

riegelung und – noch gewöhnungsbedürftiger – das Ausschwenken der Trommel gegen die Kraft der starken Verriegelungsfeder. Unter dem Entriegelungshebel lagert der Abzugsspannhebel mit der Abzugsfeder. Die aus der Schlossplatte austretende Stellschraube ist Achse und Federgegenlager zugleich und wird rechts am Rahmen gekontert.

Nicht nur Kenner, auch Konkurrenten sehen im Korth-Schloss das Nonplusultra solcher Uhrwerke. „Zu

... und dem Stangenende im Stoßboden. Der Ausstoßerstern trägt die Kennung 0-9-8-1 in Übereinstimmung mit der Waffennummer

diesem System gibt es keine Alternative", sagt einer, der es wissen muss. Und tatsächlich müssen für einen vergleichbaren Schlossgang anderer Fabrikate schon erfahrene Tuner ran. Insgesamt sind es sieben elementare Teile, die in höchster Präzision hergestellt und auf geringste Reibung ausgelegt sind. Da ist der Abzug der modifizierten Schnabel-Rast-Konstruktion, die den scharfkantigen Schnabel dem Hahn und die Rast in Form einer Spannrille dem Abzug zuordnet. Ein Schlitz an der Vorderseite des Abzugs steuert die auf gleicher Achse – eine der geschliffenen Schlossplattenschrauben – schwim-

mend gelagerte und in der Kranachse gefederte Trommelsperre. Dem Hahn gegenüber liegen die Spannrille für den Single-Action-Modus und eine bei Double Action mehr oder weniger gebrauchte Kurve. Das Mehr oder Weniger hängt vom Durchmesser des jeweils eingesetzten Mitnehmer- oder Druckpunkträdchens ab. Unter der Kurve setzt der Abzugsspannhebel an, und seitlich am Abzug lagern die Trommeltransportklinke und die L-förmig um den Transporteur geführte Hahnsperre. Mitnehmerrädchen und Trommeltransportklinke teilen sich wie der Abzugsspannhebel und die Hahnsperre eine Steckachse. Für die

schmale gerillte Zunge steht ein breiter Abzugsschuh zur Verfügung.

In der „schlagenden Verbindung" wirkt die gekapselte Schlagfeder über den profilierten Kopf ihrer Stange auf den Hahn. Das Schlagstück dreht sich links vom Entriegelungshebel um die gemeinsame Achse, spitzt sich vor dem Drehpunkt zum keilförmigen Schnabel zu, trägt an der Vorderseite den beweglichen Mitnehmer (Hahnklappe) für den Double-Action-Modus und schlägt bei Schussauslösung auf einen gefederten Zündstift im Rahmen. Sein elf Millimeter breiter Sporn verleiht auch dem Combat Targetqualitäten. Die Schlagfeder,

eine lange Schraubenfeder, kann bei gespanntem Hahn zur „kraftlosen" Demontage durch eine Querbohrung in der Hülse festgelegt werden. Die geschlossene Einheit wird mit der Federstange und einer Aufnahme am Hülsenboden wieder in den Hahn und den Square Butt eingehängt.

In Single Action bewegt sich das Schloss noch konventionell. Zwar ist es hier der Schnabel, der bis zum Einrasten in die Spannrille unter den Abzug greift. Im Endeffekt kommt es aber nur auf den Widerstand beim Rastaustritt an. In gespanntem Zustand steht der Abzug kurz vor dem Triggerstop, einer kleinen Innensechs-

⊕ **Entriegelungshebel mit „Korth-Rädchen" und Druckstück der Verriegelungs- und Ausstoßerstange in Ruhestellung**

⊕ Schlosstechnik vom Feinsten: reibungsarm und variabel. Hinter dem Abzug die Feder mit geschlitztem Spannbolzen und Spannhebel zur Nachjustierung des Abzugswiderstands, unter der am Abzug angelenkten Trommeltransportklinke und der „umgeleiteten" Hahnsperre das in der Rückspring-stellung nicht sichtbare Druckpunkträdchen für die veränderliche Spannabzugscharakteristik. Die Trommelsperre steht unmittelbar vor ihrer Lösung

⊕ Unter Spannung: Der Hahnschnabel greift in die Spannrast, die Hahnsperre gibt den Schlagweg frei, der Transporteur hat die Trommel um eine Kammer weitergedreht und der hinten stehende Abzug sichert die eingerastete Trommelsperre. In Bildmitte das nicht mehr verdeckte Druckpunkträdchen

⊕ **Rollenspiele: Je nach Größe des eingesetzten Rädchens kann in Double Action mit unterschiedlich hartem oder ohne Druckpunkt geschossen werden. Mit dem kleinen Rädchen setzt die Hahnklappe hart auf. Unter Verwendung des mittleren touchiert sie die Steuerkurve nur. Das große hält sie bis zum Hammerfall auf Abstand**

kantschraube im Abzugsbügel. Während der Hahnspannung hebt der Abzug die Trommeltransportklinke an die Verzahnung des Auswerfersterns und dreht die Trommel um eine Kammer weiter. Gleichzeitig drückt er die Hahnsperre aus dem Schlagweg des Hahns und zieht die Trommelsperre bis zum neuerlichen Einrasten aus der rechtsdrehenden Trommel. Das Profil auf der Schlagfederstange entlastet schließlich den abschlagenden Hahn und steuert ihn während der Rückstel-

lung des Abzugs und der Hahnsperre wieder in die gesicherte Rückspringstellung. Durch die von außen veränderliche Spannung der Abzugsfeder kann der Single-Action-Widerstand ohne Einfluss auf die Schlagkraft des Systems mit großem Spielraum eingestellt werden – nach Korth zwischen 10 und 20 Newton. Unter 11,42 Newton quittierte 38981 jedoch den Abzugsrückstelldienst.

In Double Action entfaltet das Schloss außergewöhnliche Fähigkei-

⊕ Das Profil auf der Schlagfederstange führt den abgeschlagenen Hahn wieder in die Rückspringstellung

⊕ Nicht nur für Luxusmodelle: rundgekneteter Menges-Lauf mit acht Zügen

ten. Schießen mit und ohne Druckpunkt, lautet die Devise, und dazu liefert Korth die austauschbaren Mitnehmerrädchen, drei kleine Rollen mit großer Wirkung bei der Kraftübertragung vom Abzug auf den Hahn. Die drei Größen – in ihrer minimalen Abstufung signifikant für die Präzision des ganzen Systems – führen die Hahnklappe in unterschiedlicher Höhe an den Abzug heran oder knapp darüber weg und erzeugen so, was Korth den „variablen Druckpunkt" nennt. Rädchen 1 hat einen Durchmesser von 7,2 Millimetern und setzt den gefederten Mitnehmer so hart auf, dass ein klar ausgewiesener Druckpunkt von 29,8 Newton entsteht. Rädchen 2 misst 7,3 Millimeter und übergibt die Hahnklappe touchierend. Der Widerstand geht auf 27,3 Newton zurück. Und das 7,45 Millimeter große Rädchen 3 bringt den Hahn ohne direkten Kontakt mit dem Abzug zu Fall. Mit dieser Bestückung passiert die TriggerScan-Kurve ungestört 17,5 Newton. Die veränderliche Charakteristik und die Gesamtwiderstände aus Spannen, Transportieren und Entsichern von nur 38,94 (Rädchen 1), 37,01 (Rädchen 2) und 38,18 Newton (Rädchen 3) vermitteln Matchqualität.

Wie die klassisch schönen Holzgriffschalen trägt auch der Laufmantel zum eleganten Auftritt des Korth bei. Obwohl das Ausstoßerstangengehäuse lang und eine Laufschiene aufgesetzt ist, wirkt die stark profilierte Laufhülse schlank und verliert durch „Ventilation" der längeren Schienen (vier- bis sechszöllige Modelle) zumindest optisch noch mehr Gewicht.

Der gleichen Wirkung fiel schon vor Jahren die einheitliche Horizontale zum Opfer. Seither steigt die am Rahmen abgesetzte Laufschiene bis zum verstifteten Korn kontinuierlich an und blendet dazu noch störende Reflexe besser aus. Im Kaliber .22 l. r. nimmt der Laufmantel einen kaltfließgepressten Lothar-Walther-Lauf mit sechs rechtsdrehenden Zügen und einer Dralllänge von 450 Millimetern auf, bei den größeren Kalibern einen rundgekneteten Menges-Lauf mit acht rechtsdrehenden Zügen und einer Dralllänge von 400 Millimetern. Je nach Vorrat gelangen auch Menges-Läufe mit sechs rechtsdrehenden Zügen und einer Dralllänge von 456 Millimetern zum Einbau. Alle Läufe sind im Rahmen eingeschraubt und verklebt.

Als „Revolution aus Ratzeburg" publizierte das Waffenmagazin Caliber 2003 noch einen Prototyp des Modells Sport mit vier- und sechszölligem Wechselsystem in den Kalibern .357 Magnum und 9 mm Parabellum. Der Laufwechsel erfolgte über eine gefederte Arretierung in der Laufhülse, die aus einer mündungsnahen Laufbrille gedrückt werden konnte und den nun drehbaren Lauf zur Entnahme aus dem Rahmen freigab. Feingewinde zwischen Laufbrillen und Läufen gewährleisteten gleiche Laufspannungen und Trommelspalte innerhalb des Systems.

Korth Modell Sport / 6 Zoll, technische Daten und Preise

Hersteller	Korth Germany GmbH, Ratzeburg
Modell	Sport
Kaliber	.357 Magnum/.38 Special, a. W. Wechseltrommeln .357 Magnum/9 mm Parabellum, .357 Magnum/9x21 IMI
Ausführung	Stahl, gefräst, geschliffen, poliert, brüniert. Geflutete Trommel
Gewicht (mit Sportgriffschalen)	1150 g
Trommelkapazität	6 Patronen
Länge	284 mm
Breite (mit Sportgriffschalen)	38,5 mm
Höhe	147 mm
Abstand Abzug-Griffrücken	SA 69 mm DA 78 mm
Griffwinkel	110 Grad
Griffschalen	Sport, a. W. Combat, Target und Luxus. Sonderausführungen DSB, BDS, BDMP. Luxusausführungen aus Edelhölzern
Lauf	151 mm, acht Züge rechtsdrehend
Trommeldurchmesser	38,5 mm
Trommellänge	41 mm
Trommelspalt	0,1 mm
Abzugswiderstände *	SA 11,75 N/1,19 kp DA (Rädchen 1/Kammer 1) 38,94 N/3,97 kp (Rädchen 2/Kammer 1) 37,01 N/3,78 kp (Rädchen 3/Kammer 1) 38,18 N/3,89 kp SA-Einstellbereich 10-20 N/1-2 kp
Visierlänge/Visierlinie über Laufachse	200 mm/20 mm
Kimmenbreite/Kornbreiten	3,5 mm/3,0-3,8 mm
Preise inkl. MWSt. (2004)	4670 Euro (brüniert), mit Wechseltrommel 4962 Euro (plasmabeschichtet matt/silber), mit Wechseltrommel 5236 Euro (plasmabeschichtet poliert/silber), mit Wechseltrommel 5356 Euro (plasmabeschichtet poliert/blau), mit Wechseltrommel Gravuren ab 2045 Euro Sport-, Combat-, Target- und Luxusgriffschalen 118 – 260 Euro Speedloader 24 Euro

Preise inkl. MWSt. (Standardausführungen 2007)		
Combat Troja .22 l.r., 3 – 6 Zoll mit Wechseltrommel		5120 Euro
Sport Troja .22 l.r., 4 – 6 Zoll mit Wechseltrommel		5255 Euro
Combat Troja .357 Magnum, 3 – 6 Zoll		3349 Euro
Combat .357 Magnum, 3 – 6 Zoll mit Wechseltrommel		5120 Euro
Sport Troja .357 Magnum, 4 – 6 Zoll		3349 Euro
Sport .357 Magnum, 4 – 6 Zoll mit Wechseltrommel		5255 Euro
Scheibenrevolver .357 Magnum, $5\frac{1}{4}$ und 6 Zoll		3679 Euro
Scheibenrevolver .357 Magnum, $5\frac{1}{4}$ und 6 Zoll mit Wechseltrommel		5585 Euro

*TriggerScan-Messungen

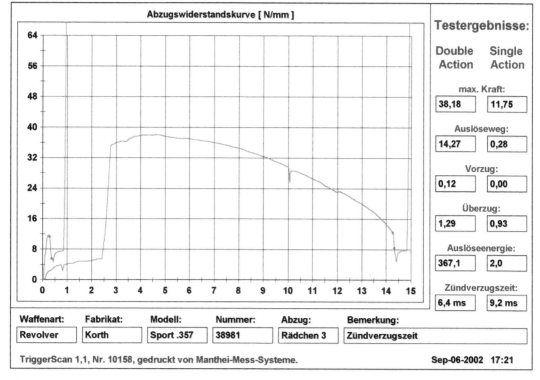

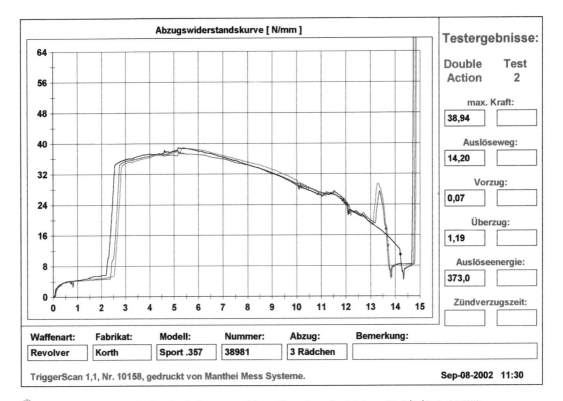

Abzugswiderstandskurve [N/mm]

Testergebnisse:

Double Action   Test 2

max. Kraft: **38,94**

Auslöseweg: **14,20**

Vorzug: **0,07**

Überzug: **1,19**

Auslöseenergie: **373,0**

Zündverzugszeit:

Waffenart:	Fabrikat:	Modell:	Nummer:	Abzug:	Bemerkung:
Revolver	Korth	Sport .357	38981	3 Rädchen	

TriggerScan 1,1, Nr. 10158, gedruckt von Manthei Mess Systeme.   Sep-08-2002 11:30

◈ Variabler Druckpunkt durch drei austauschbare Druckpunkträdchen (R.1/2/3) bei Millimeter 13,3 des Double-Action-Auslösewegs

Janz

Darf's ein bisschen mehr sein? Großkaliber aus Malente

Eigentlich wollten sie den Korth weiterbauen. Eventuell auch die Korth-Pistole. Uwe Janz, Jahrgang 1944, Feinmechanikermeister und geschäftsführender Gesellschafter des 1935 gegründeten Familienunternehmens JTL Janz-Labortechnik GmbH im schleswig-holsteinischen Malente. Und sein 40-jähriger Berufskollege René Ganz. Dieser hatte Ende der 1970er-Jahre noch bei Willi Korth gelernt, war nach der Meisterprüfung zum Werkstattleiter avanciert und wechselte 1997 unter dem Eindruck des nahenden Korth-Konkurses in gleicher Position zu JTL. Ihr Wunsch ist nachvollziehbar: Janz stellte für Korth auf seinen modernen Werkzeugmaschinen schon seit 1994 Trommeln, Trommelkräne, Laufmantel und andere Präzisionsteile her, die ein Engagement über den Lohn-

auftrag hinaus sinnvoll machten, und Ganz verfügte in Sachen Korth über einen Erfahrungsschatz wie kaum ein anderer. Doch die Ratzeburger lehnten das Kaufangebot aus Malente ab und fusionierten 2000 mit der Armurerie Freylinger & Cie. in Luxemburg.

Janz und Ganz nahmen die Absage als Herausforderung. Wenn schon nicht der Korth, dann sollte es ein anderer Revolver der Hochpreisklasse sein, ein eigenständiges Produkt, das Bekanntes und Bewährtes mit neuen Ideen verband, sozusagen ein Korth mit erweiterten Einsatzmöglichkeiten. „Nach unseren Vorstellungen", so Janz, „kam weder eine Kaliberbegrenzung auf .357 Magnum noch eine Fixierung auf Festkaliber infrage. Statt mit einem neuen Korth-Besitzer auf alter Basis zu konkurrieren, erstellten wir ein Pflichtenheft, das zunächst den Bau eines 44er-Prototyps mit Wechselläufen und -trommeln für alle gängigen Kaliber vorsah. Das stärkste Kaliber bestimmte die Rahmengröße und die Außenabmessungen der

⊕ Der Janz ist die konsequente Weiterentwicklung des Korth mit vergleichbarem Qualitätsanspruch, einer Kaliberspanne von .22 l. r. bis .500 Smith & Wesson Magnum, der Option auf Festkaliber (E-Serie) oder Wechselsysteme bis .454 Casull (S-Serie), Lauflängen von 4 bis 10 Zoll und der standesgemäßen Ansiedlung in der Hochpreisklasse. Die abgebildete S-Klasse wiegt als 357er mit gefluteter Trommel und kurzem Laufunterzug gerade noch DSB-gerechte 1495 Gramm

Mit ungefluteter Trommel und langem Laufunterzug zeigt der JTL sein wahres Gesicht. Als Sechszöller in .44 Magnum wiegt er 1540 Gramm und ist damit genauso schwer wie der Raging Bull von Taurus

JANZ

Trommel. Die große Auswahl Smith & Wesson-kompatibler Griffschalen legte uns den Round Butt nahe. Für die Wechselsysteme dachten wir eine Visierung an, die immer das Zentrum der Scheibe hält, und was das Schloss betrifft, gibt es zu Korth einfach keine Alternative. Wir brauchten es nur in der Geometrie leicht zu ändern und in den größeren Rahmen einzupassen. Alles andere ergab sich aus der Entwicklung". Janz und Ganz starteten ihr Vorhaben 1998 mit einem Leichtmetallrahmen als Studienobjekt für die CNC-Fertigung.

1 V, das erste Versuchsmuster mit der Herstellungsnummer 001, ging Anfang 1999 erfolgreich in Beschuss. Im Festkaliber .44 Magnum leitete es die E-Serie ein, die zwei Jahre später durch die S-Serie mit Wechselläufen und -trommeln ergänzt wurde. Doch die Freude über das gelungene Stück hielt sich in Grenzen. Janz favorisierte mittlerweile nämlich ein noch größeres und stärkeres Kaliber: .454 Casull. Und das war selbst dem 44er zuviel. Also bemühte das Team erneut den Computer, zeichnete, programmierte, änderte Vorrichtungen und präsentierte noch im gleichen Jahr 2 V (Nr. 002) in .454 Casull. Acht weitere Testwaffen unterschiedlicher Kaliber, Lauflängen, Visierungen und anderer Ausstattungsdetails folgten, bis im März 2001 mit der Nummer 010 die eigentliche Serienproduktion begann.

Für die Wechselläufe der S-Serie experimentierte JTL zunächst mit abgesetzten Laufgewinden, deren Segmente an Lauf und Rahmen den schnellen Kaliber- und Lauflängenwechsel durch eine 90-Grad-Drehung bei ausgehobener Sperrklinke ohne Werkzeug ermöglichen sollten. Diese sogenannten Bajonett- oder Kanonenverschlüsse wichen jedoch bald einem sehr viel einfacheren System, das seither in Serie ist: Die Läufe werden über ein Trapezgewinde M17,5x1,75 von Hand mit dem Rahmen verschraubt, sichern sich durch den gegenläufigen Drall selbst und werden auch von Hand wieder gelöst. Für Härtefälle liegt jedem Wechselsystem eine Kunststoffzange als „orthopädische Hilfe" bei. Ein gehärteter und geschliffener Stift am Laufmantel kontrolliert rahmenseitig den Anschlag und greift nach außen unter den Trommelkran.

Auch die Produktion zweier Baureihen stand nicht lange zur Diskussion. Über 90 Prozent der Käufer nahmen ja gleich mehrere Kaliber im Handstreich auf ihre freigestempelte Waffenbesitzkarte oder rüsteten später nach – wo liegt das Problem, wenn der größte Unterschied zwischen Festkaliber und Wechselsystem in einem mehr oder weniger stramm verschraubten Lauf bei garantiertem Festsitz besteht?

Janz schätzt die Unabhängigkeit. „Dank unserer CAD-Entwicklung und CNC-Fertigung sind wir in der Lage, außer den Läufen und Griffschalen alle Revolverteile im Hause herzustellen", bemerkt er nicht ohne Stolz und verweist zugleich auf die damit verbundene Flexibilität. Die schnellen Rahmenänderungen und eine spätere, ebenso spontane Gewichtsreduzierung des .357-Magnum-Systems beweisen es. Der Rahmen entsteht durch Zerspanen eines drei Kilo-

⊕ **Nur eine kleine Auswahl: Wechselläufe von 4 bis 10 Zoll. Die KK-Trommel gibt hinsichtlich des Gasdrucks wohl keinen Anlass zur Sorge …**

⊕ Nach weniger erfolgreichen Versuchen mit Gewindesegmenten in der Art von Kanonenverschlüssen (1) setzt Janz wieder auf konventionelle Gewinde. Die nur von Hand bis zum Anschlag am Rahmenjoch …

gramm schweren Chrom-Mangan-Stahlblocks (16MnCr5) auf der fünfachsigen Deckel-Maho in etwa drei Stunden mit einem „Restanteil" von knapp 500 Gramm. Die Toleranzen? „Grauenvoll. Die reinste Haarspalterei. Die Maschine löst am Tausendstel auf. Je nach bearbeiteter Stelle liegen wir zwischen 0,01 und 0,001 Millimeter". Zum Vergleich: Das menschliche Haar misst durchschnittlich 0,05 Millimeter. Andere Partien, zum Beispiel der Schlossplattenausschnitt, enthalten für Passarbeiten, Schleifen und Polieren noch Übermaß. Janz legt übrigens großen Wert darauf, dass auch im Finish die Kanten noch scharf und die Rundungen gleichmäßig sind. Trommelkran und Laufmantel entsprechen in Material und Bearbeitung

dem Rahmen, während die Trommel aus einer Chrom-Molybdän-Stahllegierung (42CrMo4) auf dem nicht weniger präzisen Fuchs-Drehautomaten in Form gebracht wird. Die Auswahl der einheitlich noch auf 60 Rockwell bei 0,2 bis 0,3 Millimeter Einsatztiefe gehärteten Stähle erfolgt primär nach ihren physikalischen Eigenschaften. Sekundär werden auch Spielräume genutzt, um bei eventueller Brünierung durchgängig den gleichen Farbton zu treffen.

Das Schloss bedarf keiner besonderen Erklärung. Wie bei Korth liegt es unter einer doppelt verschraubten Deckplatte im Rahmen, ist von links zugänglich und verwendet zum Verwechseln ähnliche Teile. Auch hier lagert der Abzug auf einer geschliffe-

... (2) eingeschraubten Wechselläufe sichern sich durch den Gegendrall ihrer Züge selbst und liegen am Kran ...

... (3) unter Verschluss

⊕ Für den Fall, dass die Verschraubung nicht wieder von Hand gelöst werden kann, liegt den Wechselläufen eine Kunststoffzange als „orthopädische Hilfe" bei

⊕ **Drei Kilogramm 16MnCr5 vor und nach dem Zerspanen**

nen Schlossplattenschraube und steuert gleichzeitig die in der Kranachse gefederte Trommelsperre, die Trommeltransportklinke und die L-förmige Hahnsperre. Gegenüber der Trommeltransportklinke dreht sich eines der wahlweise eingesetzten Druckpunkträdchen, die in Double Action den gefederten Mitnehmer des Hahns in unterschiedlicher Höhe an die Kante des Abzugs oder darüber wegführen und so einen „abrollenden Druckpunkt" erzeugen oder verhindern. In Single Action rastet der Hahnschnabel außer Reichweite des Druckpunkträdchens in die Spannrille des Abzugs

ein. Weitere Bestandteile sind der von außen justierbare Abzugsspannhebel, der Trommelentriegelungshebel mit seinem „Goldköpfchen" anstelle des schwarzen „Korth-Rädchens", die gekapselte Schlagfeder und die zur Entlastung des abschlagenden Hahns und dessen Rücksprung am Kopf profilierte Schlagfederstange. Die relativ „schwere" Einstellung erklärt Ganz mit dem Einfluss der unvermeidlichen Reibung zwischen Schlagfeder, Stange und Hülse auf den Schlagimpuls, der den kleinsten Widerstand für die Serie vorgibt. Versuchsweise liegen Bestwerte um 32 Newton vor.

JANZ

Bei Smith & Wesson nimmt der größte Rahmen nur die größte Trommel auf. JTL hat sich für den anderen Weg entschieden und macht aus der einheitlichen Trommel je nach Kaliber einen Fünf- (.454 Casull), Sechs- (.44 Magnum, .45 Winchester Magnum und .45 Long Colt), Sie-

ben- (.38 Special und .357 Magnum) oder Achtzylinder (.22 l. r.). Aber das ist nicht immer gut so. Denn was der Herstellung nützt, bringt neben einem längeren rotationslosen Geschossweg auch Masse, wo sie eher schadet. So wog der Revolver mit dem sechszölligen Originalsystem in .357 Magnum

⊕ **Malente kontra Ratzeburg: Trommelsperre, Abzug, Trommeltransportklinke, Druckpunkträdchen, Hahnsperre, Trommelentriegelung, Hahn, Schlagfeder mit Stange und Rückstellprofil, Hülse und schon im Rahmen eingesetzte Abzugsfeder mit Spannhebel – leicht modifiziert und teilweise titannitriert**

knapp 1600 Gramm und konnte erst unter Preisgabe eines Janz-Charakteristikums, der ungefluteten Trommel, und anderer Gewichtsreserven auf das DSB-„Kampfgewicht" von maximal 1500 Gramm gebracht werden – gegenüber einem Smith & Wesson noch immer ein ordentliches Pfund.

Die rechtsdrehende Trommel ist auf der Hohlwelle des Krans gelagert und wird wie bei Korth im Laufmantel und am Stoßboden verriegelt. Zuverlässige Arretierung gewährleistet ein hart gefederter Rastbolzen, der die Verriegelungs- und Ausstoßerstange mit dem Kopf in eine Längs-

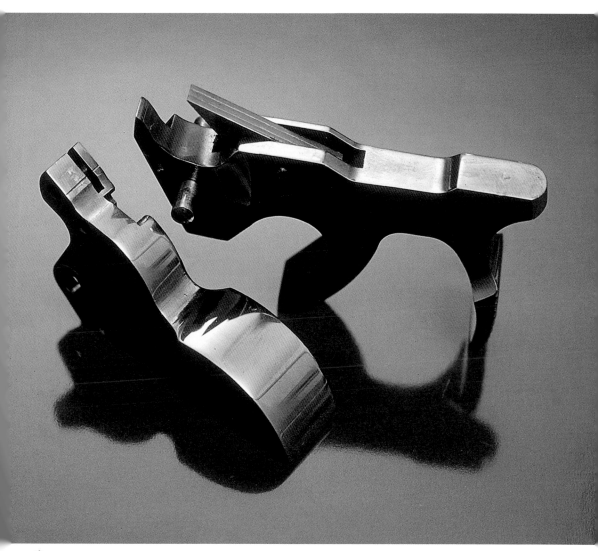

⊕ Abzug mit „gezeichneter" Spannrast, Hahn mit scharfkantigem Schnabel und gefedertem Mitnehmer für den „abrollenden Druckpunkt" in Double Action

Ungespanntes Schloss mit eingreifender Trommeltransportklinke und vorgelegter Hahnsperre

Gespanntes Schloss mit weitergedrehter Trommel und ausgehobener Hahnsperre

⊕ Vereinfachte Nachjustierung des Abzugswiderstands: Anstelle zweier Schraubendreher für den Federspannbolzen und die gegenüberliegende Klemmschraube genügt ein Inbusschlüssel. Eine Skala informiert über die Hebelstellung

⊕ Abzugsfeder, Federspannbolzen und Spannhebel unter dem gespannten Hahn

⊕ Mitnahmeeffekt: Das kleinste der austauschbaren Rädchen setzt die Hahnklappe auf den Abzug und erzeugt so auch bei Double Action einen deutlich spürbaren Druckpunkt. Nach der Schussauslösung schwingt der gefederte Mitnehmer durch

bohrung des Laufmantels und mit dem gegenüberliegenden Ende in die Rahmenbohrung drückt. Weitere Ähnlichkeiten bestehen bei den engen Toleranzen der Lagerung, der Oberflächenqualität der feingedrehten Kammern und der Absenkung des Trommelbodens zugunsten eines ein Millimeter hohen Schmauchrings. Und auch bei der exakten Einpassung des Trommelsterns, den ansatzlos aus dem Stern gearbeiteten Transportzähnen und der Führung der Verriegelungs- und Ausstoßerstange. Nach der Entriegelung schwenken Kran und Trommel nach links aus und fallen auf Wunsch per Knopfdruck aus dem Rahmen.

Ob jagdlich, sportlich oder einfach nur zum Vergnügen: JTL spielt die Vorteile seiner Wechselsysteme voll aus und bietet in allen Kalibern acht Lauflängen zwischen vier und zehn Zoll an. Für die kleineren Kaliber bevorzugt Janz kaltfließgepresste Lothar-Walther-Läufe mit konventionellem Zug/Feld-Profil und für die größeren kaltgehämmerte Läufe von Peters Stahl mit sechsfachem Segment-Polygonzug. „Selbstverständlich berücksichtigen wir auch Wünsche nach anderen Laufherstellern, sofern deren Produkte zu unserem Konzept passen", kommt der flexible Unternehmer seiner Kundschaft entgegen und denkt dabei vor allem an den unabdingbaren Rechtsdrall zur Selbstsicherung der Wechselläufe. In den Dralllängen unterscheidet sich nur der 44er-Lauf von Lothar Walther mit 508 Millimetern von den anderen Lothar-Walther- (.22, .38, .357) und Peters-Stahl-Läufen (.45, .454), die

einheitlich auf 450 Millimeter gezogen sind. Alle Läufe enthalten einen Übergangskegel von elf Grad, sitzen stramm im Laufmantel und sind darin gewindenah verstiftet, um die Wärmedehnung im Gebrauch von der Verschraubung zur Laufmündung abfließen zu lassen. Eine Abstufung des Laufaustritts am Rahmen sowie der Trommellänge um 0,5 Millimeter je Kaliber verhindert, dass versehentlich ein Geschoss auf die falsche Bohrung trifft.

Der Anspruch, die Trefferlage trotz der Trennung von Kimme und Korn beim Kaliber- oder Lauflängenwechsel konstant zu halten, verlangte die Entwicklung einer eigenen Visierung. JTL suchte die Lösung zuerst in einem spielfreien Mikrometervisier mit Höhen- und Seitenverstellung vor unterschiedlich hohen Wechselkornen. Diese Visierung hielt nach sorgfältigem Einschießen mit den zugeordneten Kornen zwar einwandfrei die Höhe, bei längeren Läufen aber nicht immer die Seite. Die Konsequenz war eine Neuauflage mit nur seitenverstellbarem Visier und höhenverstellbaren Kornen.

Schon der JTL in .454 Casull verrät: Nur das aktuell größte Kaliber ist Janz und Ganz stark genug. Und so toppt inzwischen der JTL 500 Premium in .500 Smith & Wesson Magnum ihr Programm – als Zehnzöller kein Leichtgewicht und mit dieser Patrone auch keine leichte Kost für den Schützen. Der 500er basiert auf dem 44er-Rahmen mit erweitertem Fenster für die um 15 Millimeter längere Trommel und ist ein Abkömmling der Festkaliber-E-Serie mit geschraubtem und geklebtem Lauf. Letzterer kommt von Lothar Walther und hat ein rechtsdrehendes polygonales Profil mit acht Segmenten und 406 Millimeter Drall. Weitere Änderungen betreffen den Abzug, der nur mit einem Druckpunkträdchen geliefert wird, die Schlagfeder, die Trommelverriegelung und das Visier.

Janz verwendet nur eigene Visiere. Hier das höhen- und seitenverstellbare Mikrometervisier hinter einem nicht höhenverstellbaren Korn. Die Wechselsysteme halten die Trefferlage mit einem nur seitenverstellbaren Visier hinter höhenverstellbaren Kornen besser

Janz JTL S-Serie/ 6 Zoll, technische Daten und Preise

Hersteller	JTL Janz-Labortechnik GmbH, seit 2005 Janz-Präzisionstechnik GmbH, Malente
Modell	JTL S-Serie
Kaliber	.357 Magnum/.38 Special mit Wechselsystem .44 Magnum/.44 Special
Ausführung	Stahl, gefräst, geschliffen, poliert. Geflutete oder ungeflutete Trommel
Gewicht	1495 g (.357), 1540 g (.44)
Trommelkapazität	7 Patronen (.357), 6 Patronen (.44)
Länge	296 mm (.357), 295 mm (.44)
Breite	45 mm
Höhe	157 mm
Abstand Abzug-Griffrücken	SA 84 mm DA 74 mm
Griffwinkel	110 Grad
Griffschalen	Nussbaumholz, geölt
Lauf	153 mm, 6 Züge rechtsdrehend, Polygon (.357), 152 mm, 6 Züge rechtsdrehend, Polygon (.44)
Trommeldurchmesser	45 mm
Trommellänge	46,5 mm (.357), 47 mm (.44)
Trommelspalt	0,1 mm (.357), 0,18 mm (.44)
Abzugswiderstände *	SA 12,19 N/ 1,24 kp DA (Rädchen 1/Kammer 1) 33,96 N/3,46 kp SA-Einstellbereich 10-20 N/1-2 kp
Visierlänge/Visierlinie über Laufachse	211 mm/22 mm
Kimmenbreite/Kornbreite	3,2 mm/3,5 mm
Preise inkl. MWSt. (2002)	3870 Euro Wechselsystem .44 Magnum, 6 Zoll, 1460 Euro Wechselsysteme 4 – 8 Zoll im Kaliber .357 Magnum 1140 – 1550 Euro Wechselsysteme 5 – 10 Zoll im Kaliber .44 Magnum 1320 – 1980 Euro Wechselsysteme 6 – 10 Zoll in den Kalibern .45 Winchester Magnum und .454 Casull 1365 – 2025 Euro Wechselsysteme ohne Trommeln 570 – 1480 Euro Gravuren ab 114 Euro Ziselierungen ab 2274 Euro

*TriggerScan-Messungen

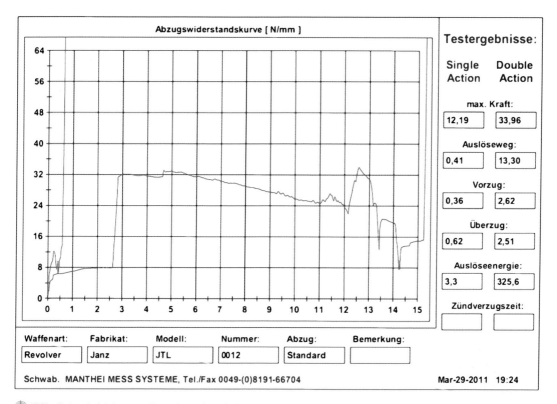

Testergebnisse:	
Single Action	Double Action
max. Kraft:	
12,19	33,96
Auslöseweg:	
0,41	13,30
Vorzug:	
0,36	2,62
Überzug:	
0,62	2,51
Auslöseenergie:	
3,3	325,6
Zündverzugszeit:	

Abzugswiderstandskurve [N/mm]

Waffenart:	Fabrikat:	Modell:	Nummer:	Abzug:	Bemerkung:
Revolver	Janz	JTL	0012	Standard	

Schwab. MANTHEI MESS SYSTEME, Tel./Fax 0049-(0)8191-66704   Mar-29-2011 19:24

⊕ JTL, DA mit kleinstem Druckpunkträdchen

Weihrauch

Angebot aus Bayern: Magnums zum Spartarif

Preiswert sollen sie sein, zuverlässig und präzise: Weihrauchs Arminius-Drillinge Hunter, der unkompensierte Target Trophy Combat mit Combat-Griff und der kompensierte Target Trophy Match mit Match-Griff, alle drei auf der Grundlage des bewährten HW 357 von 1976. Dennoch scheinen die Revolver aus Bayern bei den deutschen Schützen weniger gefragt – offenbar kommt ihr eigenwilliges Design hierzulande nicht so gut an wie die Linienführung und die Technik der Smith & Wessons und Co., und vielleicht spielen gerade auch die moderaten Preise eine nicht zu unterschätzende Rolle.

Die Hermann Weihrauch Revolver GmbH im fränkischen Mellrichstadt übernahm Ende der 1990er-Jahre die Revolverproduktion und den Vertrieb der seit 1948 am gleichen Ort ansässigen Hermann Weihrauch Sportwaffen KG und fertigt eine Vielzahl von Modellen um das sportliche Flaggschiff HW 9 ST, ein Scheibenrevolver im Kaliber .22 l. r. mit herausragender Schussleistung. Insgesamt sind es nicht weniger als 43 Double-Action-Modelle und Modellvarianten sowie drei Single-Action-Modelle, die in den Kalibern .22 l. r. bis .45 Colt mit Lauflängen von $2\frac{1}{2}$ (HW 38/HW 357) bis $10\frac{3}{4}$ Zoll (HW 9 ST/$10\frac{3}{4}$) als Jagdschutz- und Fangschusswaffen, Gebrauchs- und Sportrevolver, überlange Sportversionen und Westernrevolver (WSA) angeboten werden. Die Preise liegen zwischen 170 und 600 Euro.

Unabhängig davon, ob die Arminius-Double-Action-Revolver ganz in Zinkdruckguss oder in Stahl und Zinkdruckguss hergestellt sind, bestehen die Rahmen immer aus zwei Teilen, die Weihrauch als Gehäuse und Griffstück unterscheidet. Anders als bei einteiligen Rahmen findet in den Weihrauch-Gehäusen und -Griffstücken eine strikte Trennung der Funktionen statt: Der Übergriff

⊕ Blattschuss: Axl braucht nicht nachzusuchen und die Jägerin kann ihren HW 357 Hunter stecken lassen. Fox und Dreizöller sind ideale Jagdbegleiter

Optimaler Kosten/Nutzen-Faktor: Für nur 536 Euro hat der unkompensierte HW 357 Target Trophy Combat jede Menge Zehner im Angebot. Mit 25-Meter-Schussbildern wie aus der Korth/Janz-Fraktion konkurriert der großkalibrige Arminius fast schon mit dem kleinkalibrigen HW 9 ST

diverser Schlossteile erfolgt nur aus dem Griffstück. Der Hunter und die Target-Modelle vertreten die Hybridbauweise mit gehärtetem Feinguss für das Oberteil und der NE (Nichteisen)-Legierung für das Unterteil.

Ober- und Unterteil sind ineinander gesteckt, wobei das 18 Millimeter breite Gehäuse das um acht Millimeter schmälere Griffstück mit weit herabgezogenen Flanken überlappt. Passstifte am Abzugsbügel und koaxial in der Hahnbuchse fixieren das Unterteil. Das Gehäuse enthält das Laufgewinde, die Schwenkarmlagerung (Kranlagerung), die zweifache Trommelverriegelung, den Schlagbolzen mit Feder, Aufschlagring und Mutter, die Öffnungen für die Trommelsperre und die Trommeltransportklinke, den

⊕ **Der Eindruck täuscht: Unter dem Laufmantel mit integriertem Kompensator kommt der HW 357 Target Trophy Match nur auf 121,5 Millimeter Lauflänge. Die Hochschlagdämpfung reduziert nach den gängigen Regeln auch die sportlichen Einsatzmöglichkeiten**

Trommelöffnungsschieber und das quer verstiftete Stellvisier auf der Brücke. Nicht alle Details orientieren sich an den üblichen Standards. Der Lauf ragt nur wenige Zehntel Millimeter ins Trommelfenster, um einer möglichen Rissbildung durch Wärmedehnung am Übergangskegel vorzubeugen. Unter der Brücke gleicht eine in Schwenkrichtung versetzte Wölbung

den geringen Gehäuseabstand von der Trommel aus. Statt eines Krans im Halbprofil des Rahmenjochs klappt ein integrierter Schwenkarm aus dem Gehäuse. Und dazu übernimmt ein segmentärer Ring an Joch und Schwenkarm noch die vordere Trommelverriegelung. Der Ring schließt sich bei eingeschwenkter Trommel um eine Schiebeverschlusshülse. We-

⊕ **Das Familienfoto lässt nicht zweifelsfrei erkennen, dass Lauf- und Griffbestückung fast den ganzen Unterschied ausmachen**

niger originell ist die rückwärtige Verriegelung durch die Arretierspindel (Verriegelungs- und Ausstoßerstange) in der Stoßbodenplatte. Bei der Entriegelung drückt der Öffnungsschieber über Winkel und Bolzen die Arretierspindel und die Verschlusshülse gleichzeitig aus dem Stoßboden und der vorderen Verriegelung und gibt

die nach links ausschwenkende Trommel zum Nachladen frei. Allerdings behindern ein effektiver Stangenhub von nur 17 Millimetern und die 39 Millimeter kurze Trommel den nachladenden Schützen ebenso wie den experimentierfreudigen Wiederlader.

Wie Gehäuse, Trommel und Zubehör bilden auch Griffstück, Griff

⊕ **Weihrauch teilt die Rahmen seiner Revolver in Gehäuse und Griffstück, die entweder beide in Zink-druckguss oder aus Stahl und der Nicht-Eisen-Legierung hergestellt sind. In der 357er-Reihe führt das stählerne Gehäuse den Lauf und den Trommelkran, während das komplette Schloss und die Schlagfe-der im NE-Griffstück lagern**

und Schloss eine geschlossene Ein-heit und können dank der genialen Schnittstelle in Form der Verstiftung durch die Hahnbuchse (Hahnachse) dem Gehäuse komplett entnommen werden. Das Abzugssystem ist als konventionelles Rückspringschloss mit Schlagbolzensicherung durch eine automatische Hahnsperre ausgelegt. Je nach Betätigung in Single- oder Double-Action steuern Hahn oder Abzug entweder die Spannrast oder den freien Fall beim Ausklinken des

Spannzahns an. Während des Span-nens hebt der Abzug die links ange-lenkte Trommeltransportklinke in den Zahnkranz am Trommelstern, kippt den gefederten Trommelsperr-hebel aus der wegdrehenden Trom-mel und zieht die rechts angelenkte Hahnsperre aus dem Schlagweg des Hahns. Die Schlagenergie liefert eine Schraubenfeder im Griffrücken. Nach der Schussauslösung führt der ent-lastete Abzug den Hahn über einen zwischengeschalteten Hebel wieder

Für die Fixierung des Griffstücks im Gehäuse sind Passstifte in der Hahnbuchse und am Abzugsbügel vorgesehen

in die Rückspringstellung. Speziell für das sportliche Schießen enthalten die Target-Modelle noch eine vom Griff regelgerecht verdeckte Stellschraube, die den Abzugswiderstand reguliert, und einen einstellbaren Triggerstop am Abzugsbügel. Den breiten Abzugsschuh haben Hunter und Targets gemeinsam.

Der Hunter geht dreizöllig zur Jagd. Sein 76-Millimeter-Lauf enthält sechs rechtsdrehende Züge mit einer Dralllänge von 476 Millimetern und erbringt auch aus jagdlich weniger relevanten 25 Metern eine durchaus ansprechende Schussleistung. Immerhin rechtfer-

tigen Streukreise um 35 Millimeter die Verwendung des Target-Stellvisiers für gelegentliche Seitensprünge ins sportlich-praktische Schießen. Kornsattel und Rampenkorn sind wie das Ausstoßerstangengehäuse Teil des Laufmantels, der mündungsnah mit dem Lauf verschraubt und verstiftet ist. Ein handlicher Combat-Griff rundet die universelle Ausstattung ab.

Target Trophy Combat und Target Trophy Match unterscheiden sich durch die Lauflänge und das mehr oder weniger aktive Innenleben ihrer gleichlangen Laufmäntel. Lauf und Laufmantel des unkompensierten Mo-

◈ Die Trommel verriegelt über die gefederte Arretierspindel in Rahmenjoch und Stoßboden. Die vordere Verriegelung übernimmt ein segmentärer Ring an Joch und Kran, der sich bei eingeschwenkter Trommel um die Verschlusshülse der Spindel ...

... schließt. Bei der Entriegelung gibt die nach vorn geschobene Hülse die Spindel frei

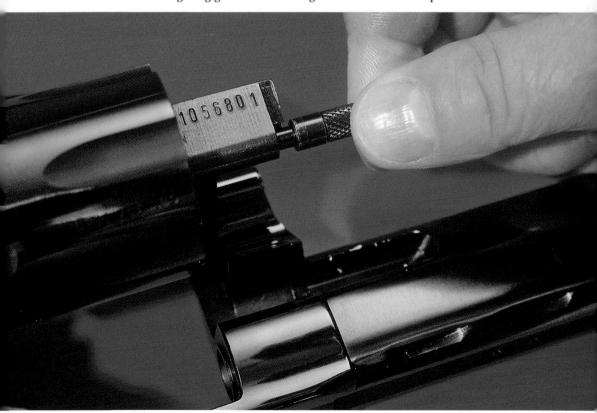

dells schließen mit der Laufmündung ab, während der um 24,5 Millimeter kürzere Lauf der kompensierten Ausführung im Laufmantel noch Platz für eine achtfach geportete Expansionskammer lässt. Beide Läufe zeigen das Profil des Dreizöllers, und beiden Laufverkleidungen sind eine gerillte Visierschiene bis zum aufgesetzten Scheibenkorn, vier Gewindebohrun-

gen für die eventuelle Montage optischer oder elektronischer Zielgeräte und die dreifache Verschraubung am Lauf eigen. Das etwas klobige Visier zeichnet sich durch eine spielfreie Feinrastung der Seitenstellschraube aus und ergibt bei gleicher Spaltbreite hinter dem 3,5-Millimeter-Korn ein kontrastreiches Visierbild.

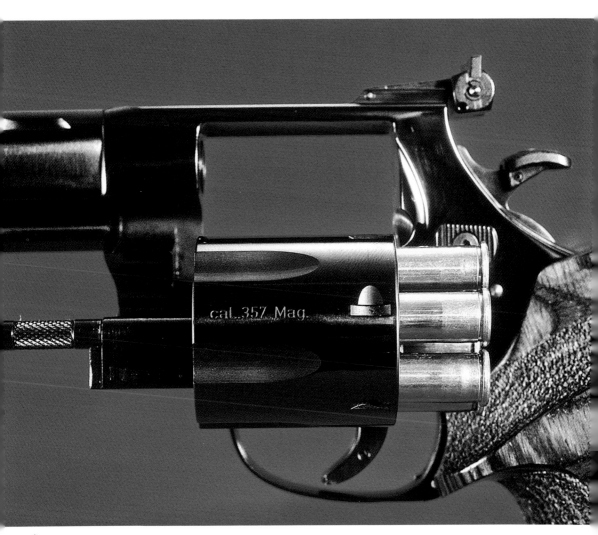

🔘 **17 Millimeter Stangenhub sind kaum mehr als die halbe Hülsenlänge**

Weihrauch HW 357 Hunter / 3 Zoll und Target-Modelle, technische Daten und Preise

Hersteller	Hermann Weihrauch Revolver GmbH, Mellrichstadt		
Modell	HW 357 Hunter	HW 357 Target Trophy Combat	HW 357 Target Trophy Match
Kaliber	.357 Magnum/.38 Special		
Ausführung	Stahl/Zinkdruckguss, brüniert. Geflutete Trommel		
Gewicht	870 g	1090 g	1185 g
Trommelkapazität	6 Patronen		
Länge	193 mm	271 mm	298 mm
Breite	37,5 mm	37,5 mm	52,5 mm
Höhe	143 mm	152 mm	152 mm
Abstand Abzug-Griffrücken	SA 62 mm DA 71 mm	SA 69 mm DA 72 mm	SA 70 mm DA 79 mm
Griffwinkel	120 Grad		
Griff	Combat (Holz), einteilig	Combat	Einstellbarer Nill-Formgriff
Lauf	76 mm, sechs Züge rechtsdrehend	146 mm, sechs Züge rechtsdrehend, unkompensiert	121,5 mm, sechs Züge rechtsdrehend, kompensiert
Trommeldurchmesser	37,5 mm		
Trommellänge	39 mm		
Trommelspalt	0,3 mm	0,15 mm	0,2 mm
Abzugswiderstände *	SA 22,81 N/2,33 kp DA 58,21 N/5,94 kp	SA 20,33 N/2,07 kp DA 64,15 N/6,54 kp SA-Einstellbereich ab ca. 14 N/1,43 kp	SA 15,29 N/1,56 kp DA 51,09 N/5,21 kp SA-Einstellbereich ab ca. 14 N/1,43 kp
Visierlänge/Visierlinie über Laufachse	124 mm/22 mm	193 mm/20 mm	193 mm/20 mm
Kimmenbreite/Kornbreite	2,5 mm/3,0 mm	3,5 mm/3,5 mm	3,5 mm/3,5 mm
Preise inkl. MWSt.	298 Euro (2010)	536 Euro (2010)	505 Euro (2010)

*TriggerScan-Messungen

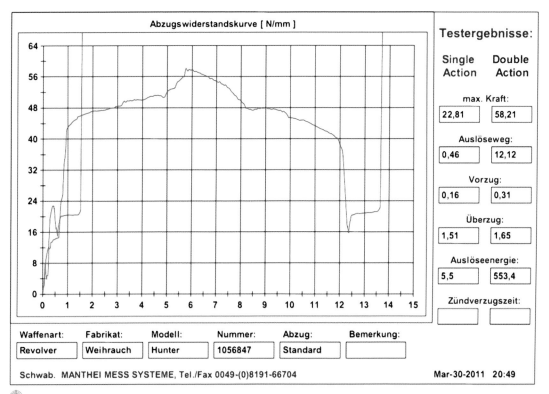

⊕ HW 357 Hunter

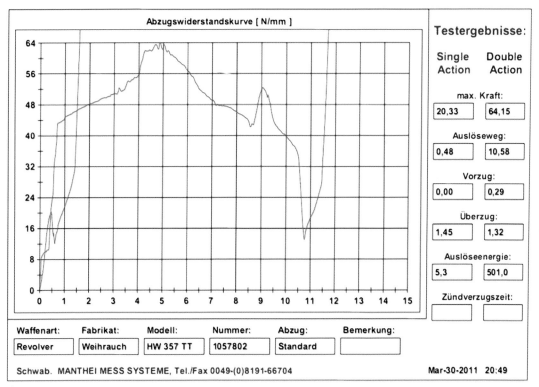

⊕ HW 357 Target Trophy Combat

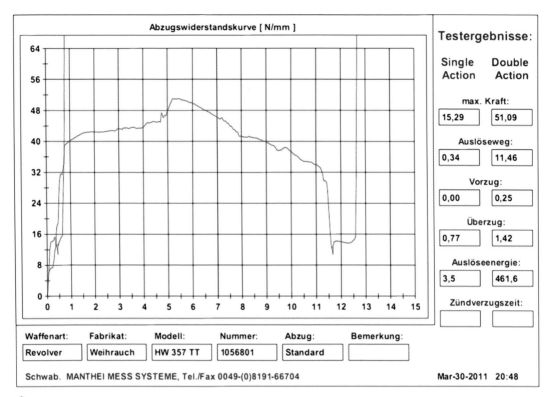

Abzugswiderstandskurve [N/mm]

Testergebnisse:

	Single Action	Double Action
max. Kraft:	15,29	51,09
Auslöseweg:	0,34	11,46
Vorzug:	0,00	0,25
Überzug:	0,77	1,42
Auslöseenergie:	3,5	461,6
Zündverzugszeit:		

Waffenart:	Fabrikat:	Modell:	Nummer:	Abzug:	Bemerkung:
Revolver	Weihrauch	HW 357 TT	1056801	Standard	

Schwab. MANTHEI MESS SYSTEME, Tel./Fax 0049-(0)8191-66704

Mar-30-2011 20:48

HW 357 Target Trophy Match

Sturm-Ruger

Revolver in Feinguss

1948, mehr als ein halbes Jahrhundert nach Colts Innovationsschub durch den ersten funktionstüchtigen Schwenkrevolver mit Spannabzug (Navy Model 1889), gründeten Geschäftsführer Alexander McCormick Sturm und der waffenkundige William Batterman Ruger die Sturm, Ruger & Company Inc. in Southport/ Connecticut. Statt jedoch gleich die allgemeine Entwicklungsrichtung einzuschlagen, belieferte der Newcomer am Markt zunächst die von der Konkurrenz schon sträflich vernachlässigte Single-Action-Szene und tätigte dort mit den klein- und großkalibrigen Single-Six- und Blackhawk-Revolvern ähnlich gute Geschäfte wie mit der vorausgegangenen Kleinkaliberpistole Standard – auch nach Sturms frühem Tod 1951. Ruger führte die Company unter dem bekannten Namen weiter und beschäftigte sich – getreu dem Firmenleitspruch: „Immer das richtige Produkt zur rechten Zeit" – erst

gegen Ende der 1960er-Jahre ernsthaft mit Double-Action-Revolvern. Security Six, Speed Six und Police Service Six kamen 1971 in den Handel.

Sturm-Ruger modifizierte die 357er laufend, stattete sie als New Models ab 1973 mit einer Schlagstangensicherung aus und sah 1979 schließlich auch die Zeit für einen 44er mit Spannabzug gekommen. Dies alles ermöglichte der anhaltende Verkaufserfolg des expandierenden Unternehmens, der einmal auf der gegenläufigen Entwicklung bei Colt und zeitweise auch bei Smith & Wesson beruhte, und zum anderen auf dem günstigen Preis/Leistungs-Verhältnis der eigenen Produkte durch rationelle Fertigung. Schon 1949 bauten Sturm und Ruger die Standard aus Pressstahlteilen im Schweißverbund, als die etablierten Marken ihre Kleinkaliberpistolen noch aus dem Block frästen, und in der Folgezeit perfektionierte Sturm-Ruger die Feingusstechnik für Rahmen, Zubehör und Abzugsteile der anderen Waffen. Als Spezialist für

Feinguss im Wachsausschmelzverfahren genießt die Firma in der Branche seither Weltruf.

Redhawk

Sturm-Ruger legte den Redhawk den Kalibern .41 Magnum, .44 Magnum und .45 Colt entsprechend stabil aus. Trotz der vergleichsweise bescheidenen Lauflänge von 5 $\frac{1}{2}$ Zoll und der kurzen Ausstoßerstangenverkleidung bringt es der Rote Habicht aufgrund großer Materialreserven an Rahmen und Trommel auf das stattliche Leergewicht von 1375 Gramm – allein der Brückenquerschnitt misst 18x7 Millimeter. Als „Mechanical Charakteristics" listet das Instruction Manual die doppelte Trommelverriegelung direkt im Rahmen, die universelle Verwendung der nicht mit der Trommel rotierenden Ausstoßerstange, die von Abzug und Hahn gemeinsam genutzte Zentralfeder, das Transfer-Bar-Sicherungssystem und die ohne Werkzeug mögliche Entnahme von Schloss und Trommel auf. Nur zur Festlegung der vorgespannten Abzugs- und Schlagfeder auf der Führungsstange liegt unter den Griffschalen ein unbeobachtet gern flüchtiger Pin bei.

Der massive Feingussrahmen zeichnet sich nicht nur durch die üppige Dimensionierung der höherbelasteten Stellen aus. Auch der Verzicht auf eine große seitliche Öffnung zur Aufnahme des Schlosses und angrenzender Teile fördert die Stabilität der tragenden Struktur. In Anlehnung an die bewährte Bauweise der Single-Action-Revolver fasst der Redhawk-Rahmen das Abzugssystem mit Ausnahme des Hahns von unten, ohne dabei einen separaten Griffrahmen zu beanspruchen: Abzugsbügel, Kranarretierung, Abzug, Trommelsperre, Trommeltransportklinke und Transfer Bar werden modular eingesetzt. Der einteilige Rahmen läuft in einen Square Butt aus, der zwischen den Holzgriffschalen sichtbar bleibt.

Unter der Vorgabe, die Kräfte im „Ballungszentrum" aufzunehmen, entwickelte Sturm-Ruger die etwas andere Trommelverriegelung. Denn während die Colts nur in der Stoßbodenplatte und die Smith & Wessons beidseitig über die kombinierte Riegel- und Ausstoßerstange verriegeln, legt der Redhawk den Trommelkran im Rahmenjoch fest und benutzt die am Stoßboden eingreifende Riegelstange hauptsächlich zur Ver- und Entriegelung des ganzen Pakets. In der Praxis sieht das so aus, dass die mit der Trommel einschwenkende Riegelstange unter dem Druck der angeschrägten Stoßbodenplatte am Ausstoßerstern einfedert und mit dem vorderen Ende den Kranriegel vorübergehend aus der Krandrehung hebelt. Erst auf Anschlag federn beide Teile wieder aus und rasten gleichzeitig in die korrespondierenden Rahmenöffnungen ein. Aus der Qualität der Verriegelung und der sorgfältigen Distanzierung des Krananschlags resultiert ein minimales und bei gespanntem Hahn kaum noch wahrnehmbares Seitenspiel. Bei der Entriegelung ersetzt ein komfortabler Druckknopf die Kulisse im Rahmen und verschiebt nun seinerseits die Riegelstange samt Riegel bis zum gemeinsamen Rahmenaustritt.

⊕ Nicht nur hochwertiger Feinguss, großzügige Dimensionierung und zusätzliche Stabilität durch den beidseitig geschlossenen Rahmen unterscheiden den Ruger Redhawk deutlich von den anderen Vertretern der 44er-Magnumklasse. Auch das Schloss, die Trommelverriegelung und die nicht mit der Trommel rotierende Ausstoßerstange sind keine Spielarten bekannter Systeme

⊕ Der besondere Reiz des Roten Habichts liegt fraglos in seiner nostalgischen Anmutung, einer Hommage an die Single-Six- und Blackhawk-Revolver aus der Gründerzeit

⊕ Im Redhawk wirkt die liegende Hauptfeder über die Abzugsstange und den am Rahmen angelenkten Spannhebel gleichzeitig auf Abzug und Hahn

⊕ Unter Spannung kann die Hauptfeder mit einem beigelegten Stift durch die Querbohrung der Abzugsstange festgelegt werden

✦ Bei Entspannung gibt die festgelegte Feder den Spannhebel frei, der dann aus dem Lager und der Hahnkette gehoben und als Hilfswerkzeug zur Demontage der Abzugseinheit eingesetzt werden kann

Die sechsschüssige Trommel lagert herkömmlich auf der Hohlwelle des Krans, schwenkt bei Bedarf nach links aus und dreht auch nach links, um den Transportklinkenschlitz nicht in der Art weniger materialschonender Konstruktionen bei jedem Nachladen mit der gefederten Riegelstange zu überlaufen. Weitere Verstärkung erfährt das ohnehin schon reichlich dimensionierte CNC-Drehteil durch den Sperrnutenversatz um die Asymmetrie der Sperre gegenüber den Kammerbohrungen, die auch in diesem kritischen Bereich mindestens drei Millimeter Abstand von der Außenwand halten. Und für kalibergerechte Abmessungen von Rahmen und Lauf über dem hohen Schwenkbereich des riegelbestückten Krans sorgt eine leichte Absenkung der Ausstoßerstange in Bezug auf die Trommelachse. Darüber hinaus bedingt der Platzbedarf des Riegels und seiner Betätigung durch die Riegelstange eine geschlitzte Ausstoßerstange, die über den Kraftarm des Riegels gleitet und den höher platzierten Ausstoßer

⊕ Nur Hahn, Federspannhebel und Rückholfeder lagern im Rahmen. Alle anderen Schlossteile sind Bestandteile des Abzugsmoduls: Abzug, Abzugsstange mit Hauptfeder, Trommelsperre, Trommeltransportklinke und Schlagstange

⊕ Aus dem passgenauen Verschluss des Abzugsbügels ragen Trommelsperre, Schnabel und Spannzahn des Abzugs, Schlagstange und Trommeltransportklinke

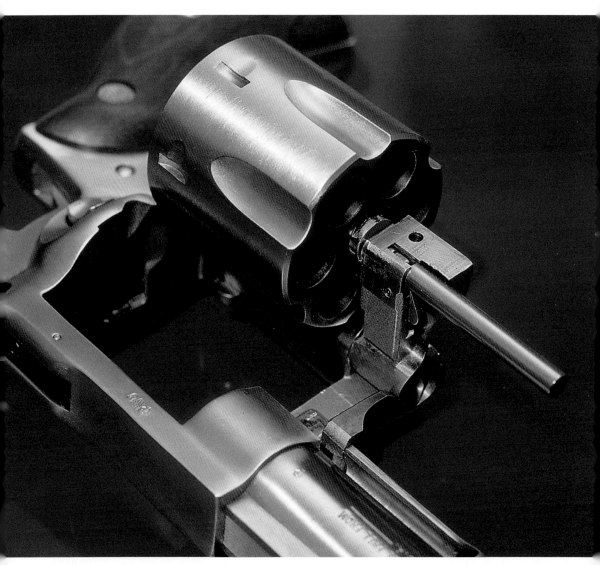

⊕ Ein Schwenkriegel am Kran ersetzt die übliche Trommelverriegelung. Ein- und Austritt am Rahmenjoch unterliegen der Zwangssteuerung durch die Riegelstange, die mit einschwenkender Trommel gleichzeitig in den Stoßboden greift und den Riegel vorlegt. Druck auf den Entriegelungshebel am Trommelschild bewirkt das Gegenteil

⊕ Durch die Absenkung der Ausstoßerstange gegenüber der Trommelachse verliert der Kran an Bauhöhe. Den „Fluchtfehler" zwischen Ausstoßer- und Riegelstange korrigiert der abgerundete Schraubkopf des Federgegenlagers

⊕ Die geschlitzte Ausstoßerstange überläuft den Schwenkriegel und bewegt den Ausstoßer über das in der Trommel gut sichtbare Federgegenlager und die Riegelstange

gegen die Kraft der gemeinsamen Feder zum Hülsenausstoß bewegt. Da die Ausstoßerstange weder mit der Riegelstange fluchtet noch mit der Trommel dreht, stehen die beiden Teile nur über den abgerundeten Schraubkopf des Federgegenlagers im Ausstoßer lose miteinander in Verbindung. Der sternförmige Ausstoßer ist mit der Transportverzahnung einteilig gegossen und wird von seiner profilierten Nabe und zwei Passstiften im Trommelboden gegen Verdrehen gesichert.

Seitlich geöffnete Rahmen führen die Kranlagerung meist unabhängig von anderen Funktionen. Bei der unten offenen Redhawk-Konstruktion erfolgt die Kranlagerarretierung verdeckt aus der Abzugseinheit und gibt den Kran erst nach dem Ausbau des Abzugs- und Schlagfedermoduls, des Hahns und der restlichen Schlossteile frei. Dabei verlangen nur die Griffschalen nach einem Schraubendreher – der von Optimisten empfohlene Hülsenrand erreicht den tiefliegenden Schraubenschlitz nie. Den Rest erledigen der mitgelieferte Federspannstift, der aus der Hahnkette gehobene Federspannhebel als Hilfswerkzeug zur Entriegelung der Abzugseinheit und ein wenig handwerkliches Geschick. Besondere Beachtung verdienen die simple Fixierung der Hahnachse im Rahmen durch die rechte Griffschale sowie die passgenaue Bearbeitung der Kontaktflächen an Rahmen und Abzugseinheit.

Gegenüber der gebräuchlichen Ausführung mit schräggestellter Schlagfeder und zusätzlicher Abzugsfeder liegt die Zentralfeder des Redhawk-Schlosses horizontal im Rahmen und wird über die Abzugsstange und den rahmengestützten Spannhebel gegenläufig komprimiert. In Single Action greift der Hahn mit dem Spannarm unter den Abzugsschnabel, dreht den Abzug gegen die anteilige Kraft der Schraubenfeder bis zum Einrasten nach hinten und leistet den eigenen Kraftakt beim Vorzug des Spannhebels. Die Kraftverteilung ergibt sich aus den Hebelverhältnissen. In Double Action greift der Abzug unter den beweglichen Hahnmitnehmer, sattelt unterwegs auf den starren Spannzahn um und bringt den Hahn schließlich zu Fall. Zur Linksdrehung der Trommel verwendet das Schloss einen Transporthebel, der wie die Trommelsperre weit nach rechts „ausgelagert" ist, und von der linken Seite aus steuert der Abzug die von Iver Johnson inspirierte Transfer Bar abwechselnd in die sichere oder die Schlagposition. Die meisten ruhenden und alle beweglichen Teile des Abzugssystems sind gegossen, gestrahlt oder poliert und an den relevanten Stellen maßhaltig geschliffen. Dennoch vermittelt das hahngespannte Schloss das Gefühl, als rückten sich Abzug und Hahn vor dem Rastaustritt noch zurecht. Das Timing stellt die beigedrehten Kammern mit Vorlauf zum Hahn hinter den Lauf.

Bei einem Leergewicht nahe 1400 Gramm war ein $5\frac{1}{2}$-Zoll-Lauf mit kurzer Ausstoßerstangenverkleidung angesagt – für Long-Range-Schützen steht auch ein $7\frac{1}{2}$-Zöller zur Verfügung. Der 140-Millimeter-Lauf ist mit sechs rechtsdrehenden Zügen im Zug/Feldmaß von 10,9/10,6 Millimetern, einem 5,2 Millimeter langen Elf-Grad-Übergangskegel, einer Wandung von 3,1 Millimetern am Laufeintritt und einer stark eingesenkten Mündung ausgestattet. Das dickwandige Rohr trägt eine ebenso robuste Visierschiene, die ein 3,5 Millimeter breites Rampen-Wechselkorn mit orangefarbener Kunststoffeinlage aufnimmt, und in der Rahmenbrücke lagert ein Stellvisier mit weiß ausgelegter 3,5-Millimeter-Kimme.

Super Redhawk

Der Super Redhawk ist schon in der nächsten Gewichts- und Leistungsklasse angekommen. Zwar sind Revolver jenseits 1500 Gramm und $6\frac{1}{2}$ Zoll Lauflänge nicht das Thema dieser Abhandlung. Doch zum Vergleich – und auch um Verwechslungen auszuschließen – seien hier wenigstens die wesentlichen Unterschiede gegenüber dem Namensvetter aufgezeigt. So erhielt der Rahmen des 1987 eingeführten Modells zur Innenausstattung und zum rückstoßmindernden Griff der GP-100 einen Vorbau in Länge der kurzen Ausstoßerstangenverkleidung, um die Laufschwingungen besser zu beherrschen, den Lauf durch das 62 Millimeter lange Gewinde noch besser „in den Griff" zu bekommen und eine vorbereitete Zielfernrohrmontage anzubieten. Sechsschüssige, je nach Kaliber geflutete oder ungeflutete Trommeln gewährleisten weiterhin den Dreimillimeter-Sicherheitsabstand der Kammerbohrungen von der Außenwelt, und die $7\frac{1}{2}$- wie $9\frac{1}{2}$-Zoll-Läufe in den Kalibern .44 Magnum,

.454 Casull und .480 Ruger kommen bei leicht zur Mündung hin schwindenden Außendurchmessern ohne Visierschienen aus.

Baureihe GP-100

Wohl unter dem Eindruck der neuen Smith & Wesson-L-Rahmen-Modelle 586/686 Distinguished Combat Magnum (1981) modernisierte Sturm-Ruger auch seine Mittelklasse. Als Nachfolger der früheren 357er verbinden die 1985 in vier und sechs Zoll aufgelegten GP-100 die guten Eigenschaften der Security-Six-Reihe mit der Grundkonzeption des Redhawk und finden sich ähnlich der Konkurrenz mittlerweile in einer ganzen Modellreihe wieder – natürlich in Feinguss aus brüniertem Chrom-Molybdän-Stahl oder rostträgem Chrom-Nickel-Stahl.

Wenn es um die Gemeinsamkeiten mit den Vorfahren geht, stehen die Trennung von Rahmen und Abzugseinheit, die Schlagbolzensicherung durch die Transfer Bar und die speziell vom Redhawk übernommene Trommelverriegelung im Vordergrund. Zu den wesentlichen Unterschieden zählt dagegen der Hinterbau des Rahmens, der nur noch rudimentär vorhanden ist. Dieser Griffstummel ersetzt den großen eckigen Griffrahmen und ermöglicht die Montage eines besonderen Griffs: Die Kombination eines voluminösen Weichgummigriffs mit seitlichen Holzeinlagen ist rutschfest, dämpft den Rückschlag, spricht durch eine längere Schraube mit breiterem Schlitz sogar auf den Hülsentrick an und sieht obendrein gut aus. Kein

⊕ **Die 1986 aufgelegte GP-100-Baureihe folgt nur im Aussehen dem damaligen Zeitgeschmack. Technisch orientiert sich Rugers Mittelklasse weitgehend am Redhawk-Konzept von 1979. Im Bild der „langgezogene" KGP-161 vor dem kurz gehaltenen GP-160 – Feinguss in Stainless Steel und brüniert**

Wunder, dass Sturm-Ruger hier eine Anleihe für den „schlagkräftigen" Super Redhawk aufnahm. Im Übrigen ist der Rahmen eine maßstäbliche Verkleinerung des Redhawk-Rahmens mit einem Brückenquerschnitt von 17,4x6,5 (RH 18x7) Millimetern, vergleichbaren Materialeinsparungen im Kranbereich sowie einem 40,2 (RH 46,2) Millimeter hohen und 44,7 (RH 48,7) Millimeter breiten Trommelfenster – kurzum ein mittleres und trotz des flachen Griffwinkels von 120 Grad auch für kleinere Hände griffiges Teil.

Auch die sechsschüssige Trommel ist mit Ausnahme des Dichtrings un-

ter den Kammermündungen nur eine ums Kaliber geschrumpfte Ausgabe der großen Walze. Mit einem Durchmesser von 39,3 (RH 45,2) Millimetern und einer Länge von 41 (RH 44,5) Millimetern lagert sie auf der Hohlwelle des im Rahmen verriegelnden Krans, garantiert durch den Sperrnutenversatz einen 2,2-Millimeter-Mindestabstand der Kammerbohrungen vom Zylinder, enthält das gleiche Zubehör und wird mit Hilfe der desachsierten Ausstoßerstange geleert. Wie beim Redhawk ist ihr Längs- und Seitenspiel unter gespanntem Hahn kaum zu spüren. Ein ähnlich knappes

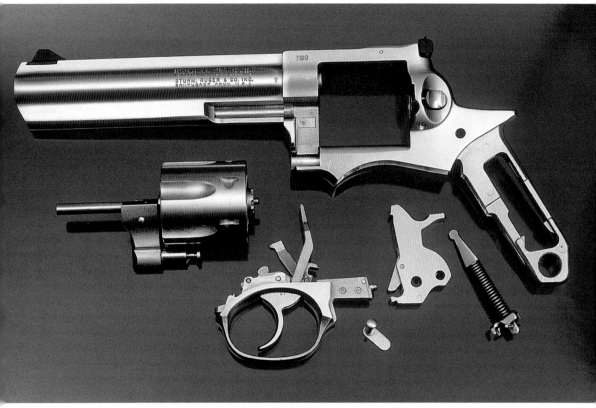

⊕ **Nicht gleich, nur ähnlich: Getrennte Federn für Abzug und Hahn ersetzen das Zentralfeder/ Spannhebel-Arrangement der älteren Konstruktion, ein stark reduzierter Griffrahmen den Square Butt. Der geschlossene Rahmen, das von unten eingesetzte Abzugsmodul und die ungewöhnliche Trommelverriegelung sind geblieben**

Spiel zwischen Sperrnuten und Sperrhebel geht im Seitenspiel der Sperre am Rahmen etwas verloren.

Die Abzugseinheit, ihre Aufhängung und die im Rahmen installierten Schlossteile sind ein Mix aus den Abzugssystemen der 1973 überarbeiteten 357er und des Redhawk in Übereinstimmung mit dem weniger großzügigen Platzangebot der Neukonstruktion. So erstreckt sich das vorn im Rahmen eingehängte Modul über eine angegossene Brücke mit integriertem Riegelbolzen weit nach hinten, um den Abstand des Abzugsbügels vom

schmalen Griffrahmen auszugleichen, und enthält außer den übernommenen Teilen nun eine Abzugsfeder in „Personalunion" mit der Riegelbolzenfeder sowie kürzere Hebel für den Trommeltransport und die Schlagbolzensicherung. Die wieder selbstständige Schlagfeder führt aus dem Griffrahmen schräg nach oben und wirkt über die Stange direkt auf den Hahn.

Wer die Diamantfeile einmal probeweise an den Feinguss legt, wird von der Härte der Teile überrascht sein. Alle Flächen und Winkel sind plan und scharf geschliffen, Abzug und

⊕ Der schlanke Griffrahmen passt nicht nur zum fülligen Weichgummigriff, sondern schafft auch Platz für die gekapselte Abzugsfeder und den mitgefederten Riegelbolzen der Abzugseinheit

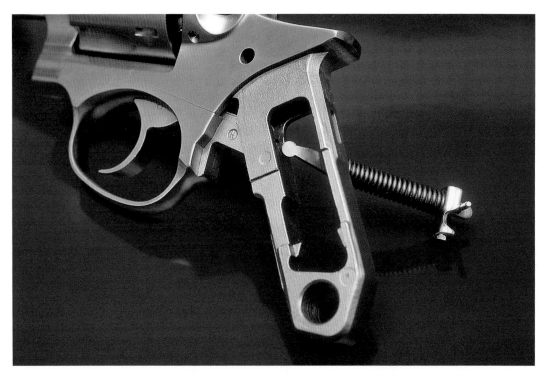

⊕ Wie der Redhawk-Federspannhebel ist auch die GP-100-Schlagfederstange zur Demontage der Abzugseinheit verwendbar. So wird der Riegelbolzen aus der Rahmenbohrung gedrückt

⊕ Alles eine Nummer kleiner: Trommelverriegelung im 357er-Maßstab

Hahn zeigen kein überdurchschnittliches Lagerspiel. Dennoch kommt in Single Action auch der Schnabel des GP-100-Abzugs nicht punktgenau aus der Spannrast – das gespannte Schloss braucht noch Vorzug. Während des Spannens verdichtet der kettenlose Hahn die Schlagfeder, greift mit dem Spannarm unter den Schnabel und zieht den Abzug bis zum Einrasten nach hinten. Gleichzeitig löst der Abzug die Trommelsperre, dreht die Trommel mit der rechts angelenkten Transportklinke um eine Kammer nach links, hebt die links angelenkte Transfer Bar vor den Schlagbolzen und gibt die Trommelsperre wieder zum Eingriff frei. Das Ganze ist so berechnet, dass die Trommel deutlich vor und die Schlagstange mit dem Einrasten des Hahns zum Stillstand kommen. Die Rückstellung erfolgt zwangsläufig durch den abschlagenden Hahn und den zurückschwingenden Abzug. In Double Action läuft das Schloss einwandfrei rund. Ohne spürbaren Übergang setzt der Hahn vom beweglichen Mitnehmer auf den starren Spannarm um und klinkt erst mit beträchtlichem Nachlauf zur Trommel am Spannzahn aus. Trotz der hohen Widerstände um 50 Newton sind schnelle Schussfolgen bei ausreichender Präzision möglich.

Sturm-Ruger-Importeur Frankonia bot den brünierten sechszölligen GP-100 als Katalogmodell GP-160 mit kurzem und die rostträge Variante als KGP-161 mit langem Ausstoßerstangengehäuse bis 2005 beziehungsweise 2009 an. Kurz- und Langversion sind mit Lauf und Laufschiene einteilig hergestellt und binden in der Lang-

version die 75 Gramm Mehrgewicht durch fließende Übergänge und den angeschrägten Mündungsbereich auch optisch wirksam ein. Die Lauflänge beträgt einheitlich 152 Millimeter. Beide Ausführungen enthalten fünf rechtsdrehende Züge mit einer Dralllänge von 476 Millimetern, einen Elf-Grad-Übergangskegel und eine stark eingesenkte Mündung. An der Laufschiene entfällt der Kornsattel des Redhawk zur Überbrückung der Rahmenhöhe, wodurch die sonst baugleiche Visierung drei Millimeter tiefer zu liegen kommt. Kimmen und Korne unterscheiden sich nur in der

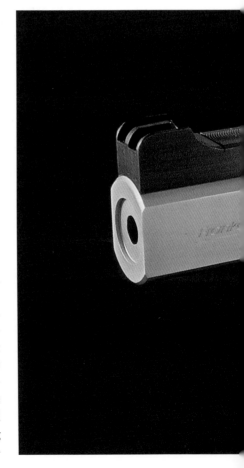

Breite und durch das durchgehend schwarz gehaltene Rampenkorn.

Frankonia Freestyle 1500

Mit der Baureihe GP-100 ging der Importeur auch unter die Tuner. Rahmen und Schloss des soliden Standardmodells bildeten von 1998 bis 2009 die Grundlage einer Sonderserie, die als Frankonia Master Line kaum eine der statischen und dynamischen Revolverdisziplinen unberücksichtigt ließ. Freestyle hieß der Allrounder, der kompakt und leicht genug für die

meisten Ausschreibungen war. Target Master und 357 Practical führten ihre Bestimmung im Namen. Und der abgebildete Freestyle 1500 vertrat die hohen Anforderungen des PPC (Practical Police Course)-Schießens. An dieser Stelle kommt der vorlastige und mit der Aristocrat-Visierung in drei programmierbaren Einstellungen abrufbereite Six Shooter jedoch nicht wegen seiner besonderen sportlichen Eigenschaften zur Geltung, sondern wegen der spür- und messbaren Verbesserung seines Schlossgangs durch relativ einfache Mittel. Unbestechlich registriert das TriggerScan-System un-

⊕ **Sondermodell Freestyle 1500 aus der Frankonia Master Line. Der PPC-Revolver ist ein modifizierter GP-100 in Stainless Steel mit schwerem Matchlauf (Bull Barrel), programmierbarer Aristocrat-Visierung und überarbeitetem Schloss**

Freestyle- und Serienabzug im Vergleich: Kantenbruch am Schnabel zur Beschleunigung des Rastaustritts und geschliffene Feder zur Verringerung des Widerstands

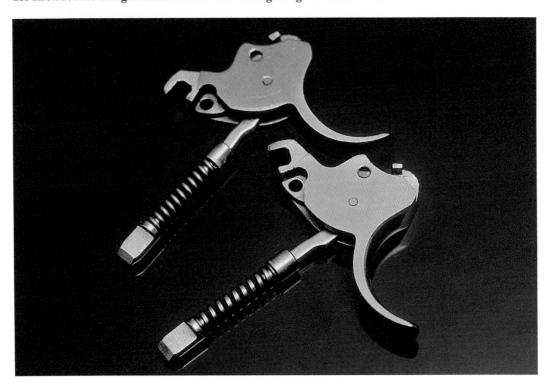

 Gerundeter Spannarm und gekürzte Spannrast am Freestyle-Hahn

ter Beibehaltung der Original-Schlagfeder nämlich einen bemerkenswerten Rückgang der Widerstände allein durch die nachträgliche Bearbeitung der Serienteile. In Single Action verringert schon der abgerundete Spannarm des Hahns den Spannwiderstand, und bei der Schussauslösung wirken die von 0,4 auf 0,25 Millimeter gekürzte Spannrast an der Stirnseite des Spannarms und die gebrochene Kante der Rastfläche am Abzugsschnabel so perfekt zusammen, dass der Abzug den gespannten Hahn bei nur 14,71 Newton (GP-160: 27,71 Newton) freigibt. Im gleichen Feinschliff präsentieren sich auch die Gleitflächen des Abzugsschnabels und Spannzahns, die in Double Action abwechselnd unter den beweglichen und starren Hahnmitnehmer greifen, sowie

die Mitnehmer selbst. Die Hahnklappe gleitet mit leicht geändertem Profil länger auf dem Abzugsschnabel und der um 0,5 Millimeter gekürzte Spannarm klinkt bereits bei 38,25 Newton (GP-160: 42,92 Newton) am Spannzahn aus. Auch im Kurvenvergleich punktet der getunte Spannabzug höher.

Baureihe SP-101

Sturm-Ruger startete die kurzläufige Baureihe SP-101 1989 mit den Katalogmodellen KSP-821 (2 $\frac{1}{4}$ Zoll) und KSP-831 (3 $\frac{1}{16}$ Zoll) im Kaliber .38 Special. 1990 folgten die kleinkalibrigen KSP-221 (2 $\frac{1}{4}$ Zoll) und KSP-241 (4 Zoll), und zwischen 1991 und 1993 gingen der KSP-3231 (3 $\frac{1}{16}$ Zoll) in .32 H&R Magnum, die KSP-921 ($2\frac{1}{4}$ Zoll) und KSP-931 ($3\frac{1}{16}$ Zoll) in 9 mm Parabellum, die KSP-321 ($2\frac{1}{4}$ Zoll) und KSP-331 ($3\frac{1}{16}$ Zoll) in .357 Magnum/.38 Special sowie die Double-Action-Only-Ausführungen KSP-821 L, KSP-831 L und KSP-321 XL in Serie. Alle Modelle der in der Typenvielfalt sehr variablen Baureihe entstanden und entstehen in Stainless Steel. Drei der neueren Ausgaben sind fünfschüssig (KSP-331 X, KSP-931, KSP-821 L), die anderen sechsschüssig. Als Visierung dient entweder eine Ausfräsung in der Rahmenbrücke oder eine nur seitlich verstellbare Kimme, beide hinter einem flachen Rampenkorn. Und ein zusätzliches X kennzeichnet schließlich Magnum-Modelle mit verlängertem Rahmen und längerer Trommel (KSP-321 X, KSP-321 XL, KSP-331 X). Die gestreckte Ausführung erspart dem Hersteller die am Lauf der originalen 357er eingeschlagene Limitierung auf 125 Grains-Geschosse und eine Patronenlänge von maximal 1,57 Inches.

Mini-Magnum: KSP-331 X

Der KSP-331 X zählt also zu den Magnums, die außer den Laborierungen .38 Special und .38 Special + P auch „all standard factory .357 loads" verschießen. Darüber hinaus machen Rahmen- und Trommellänge keinen Unterschied. Standard- wie X-Modelle sind typische Vertreter der SP-101-Baureihe mit kleinen Rahmen gegenüber den mittleren und großen der GP- 100, Redhawk und Super Redhawk. Grundsätzlich spiegeln sie

die ganze Double-Action-Revolverentwicklung bei Sturm-Ruger wider. Im Mittelpunkt stehen weiterhin der geschlossene Rahmen, der durch den Einsatz des Abzugs von unten ohne Seitendeckel auskommt, und das Transfer-Bar-Sicherheitsschloss. Allerdings entspricht der Rahmen der neueren Bauart und nimmt die Schlossvariante mit getrennter Abzugs- und Schlagfeder auf. Außerdem ermöglicht der Griffstummel die Montage des nunmehr obligatorischen Weichgummigriffs mit Tasche für den Schlagfederspannstift zur werkzeuglosen Waffenpflege. Nur die seitlichen Griffeinlagen sind aus Kunststoff.

Wie das verkleinerte Abzugssystem fällt auch die „historisch" weiter zurückreichende Trommelverriegelung durch die Riegelstange und den mit der Stange ein- und ausfedernden Kranriegel eher filigran aus. Dennoch stehen die Passungen den engen Toleranzen der größeren Ausgaben nicht nach. Die Trommel selbst unterscheidet sich von der sechsschüssigen Walze durch dünnere Wandungen (1,7 Millimeter) und den Verzicht auf den wartungsfreundlichen Kragen zur Lagerabdeckung an der Stirnseite.

Für den dienstlichen oder jagdlichen Gebrauch ist der KSP-331 X mit einer eingefrästen Kimme, einem Hahn mit abgesenktem Sporn und einem 78-Millimeter-Lauf ausgestattet. Vor der scharf geschnittenen 3,8-Millimeter-Rechteckkimme wirkt eine lange und fast doppelt so breite Rille der unter bestimmten Lichtverhältnissen lästigen Vignettierung entgegen, und noch weiter vorn trägt ein extrem flaches Schnellziehkorn zur schnellen Schussbereitschaft aus der Tasche oder dem Holster bei. Der Lauf, die an-gedeutete Laufschiene und das lange Ausstoßerstangengehäuse sind wie die Laufgruppen der rostträgen GP-100 einteilig hergestellt.

⊕ Kein X für ein U vorgemacht: Der in Rahmen und Trommel gestreckte KSP-331 X aus der Small-Frame-Baureihe SP-101 verzichtet auf die sonst am Lauf eingeschlagene Limitierung des Geschossgewichts auf 125 Grains und der Patronenlänge auf 1,57 Inches

◉ **Der noch originale Trommeldurchmesser begrenzt das Fassungsvermögen weiterhin auf fünf Patronen**

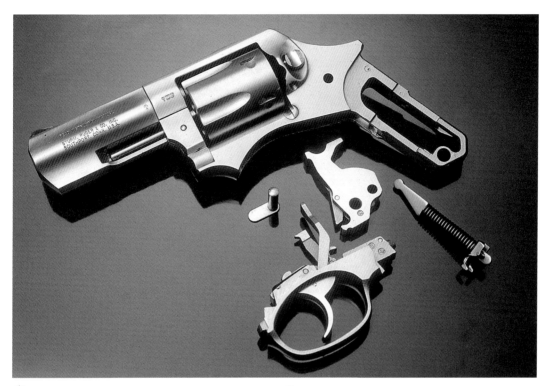

⊕ Small- und Medium-Frame-Teile sind trotz großer Ähnlichkeit nicht kompatibel

⊕ Größenabstufung der Abzugseinheiten nach Baureihen: SP-101 (links), GP-100 und RH (Redhawk)

STURM-RUGER

Sturm-Ruger in Deutschland*

Importeur	Frankonia Handels-GmbH & Co. KG, Rottendorf					
Modell	Ausführung	Kaliber	Lauflänge	Trommelkapazität	Gew. **	Preis (inkl. MWSt.)
KP-90 D	LM/ Stainless Steel	.45 Colt	$4\frac{1}{2}$ "/114 mm	6 Patronen	ca. 1200 g	719 € (2005)
KP-90 D Compact	LM/ Stainless Steel	9 mm Parabellum	$3\frac{9}{10}$ "/79 mm	6 Patronen	ca. 1150 g	719 € (2005)
KGP-160 (Baureihe GP-100)	Stainless Steel	.357 Magnum/ .38 Special	6 "/152 mm	6 Patronen	ca. 1150 g	719 € (2005)
KGP-161 (Baureihe GP-100)	Stainless Steel	.357 Magnum/ .38 Special	6 "/152 mm	6 Patronen	1255 g	649 € (2009)
GP-160 (Baureihe GP-100)	Feinguss brüniert	.357 Magnum/ .38 Special	6 "/152 mm	6 Patronen	1180 g	699 € (2005)
GP-161 (Baureihe GP-100)	Feinguss brüniert	.357 Magnum/ .38 Special	6 "/152 mm	6 Patronen	ca. 1200 g	699 € (2005)
GP-141 (Baureihe GP-100)	Feinguss brüniert	.357 Magnum/ .38 Special	4 "/102 mm	6 Patronen	ca. 1000 g	719 € (2005)
KGP-141 (Baureihe GP-100)	Stainless Steel	.357 Magnum/ .38 Special	4 "/102 mm	6 Patronen	ca. 1000 g	649 € (2009)
KGPF-331 (Baureihe SP-101)	Stainless Steel	.357 Magnum/ .38 Special	3 "/76 mm	6 Patronen	ca. 950 g	649 € (2009)
KSP-331 X (Baureihe SP-101)	Stainless Steel	.357 Magnum/ .38 Special	$3\frac{1}{16}$ "/78 mm	5 Patronen	775 g	629 € (2009)
KSP-221 (Baureihe SP-101)	Stainless Steel	.22 l.r.	$2\frac{1}{4}$ "/57 mm	6 Patronen	ca. 900 g	659 € (2005)
KSP-241 (Baureihe SP-101)	Stainless Steel	.22 l.r.	4 "/102 mm	6 Patronen	ca. 900 g	659 € (2005)
KSP-931 (Baureihe SP-101)	Stainless Steel	9 mm Parabellum	$3\frac{1}{16}$ "/78 mm	5 Patronen	ca. 800 g	679 € (2005)

KSP-821 L (Baureihe SP-101)	Stainless Steel, Abzug DAO	.38 Special	$2\frac{1}{4}$ "/57 mm	5 Patronen	ca. 780 g	679 € (2005)
KRH-445	Stainless Steel	.44 Magnum/ .44 Special	$5\frac{1}{2}$ "/140 mm	6 Patronen	1375 g	879 € (2009)
KRH-44	Stainless Steel	.44 Magnum/ .44 Special	$7\frac{1}{2}$ "/190 mm	6 Patronen	ca. 1480 g	929 € (2005)
KSRH-7480	Grau/ Stainless Steel	.480 Ruger	$7\frac{1}{2}$ "/190 mm	6 Patronen	ca. 1480 g	1079 € (2005)
KSRH-7454	Grau/ Stainless Steel	.454 Casull	$7\frac{1}{2}$ "/190 mm	6 Patronen	ca. 1480 g	1079 € (2005)
KSRH-7	Stainless Steel	.44 Magnum/ .44 Special	$7\frac{1}{2}$ "/190 mm	6 Patronen	ca. 1480 g	839 € (2007)
KSRH-9	Stainless Steel	.44 Magnum/ .44 Special	$9\frac{1}{2}$ "/241 mm	6 Patronen	ca. 1600 g	839 € (2007)

* Aktualisiertes Programm und Preise unter www.henke-online.de

** Herstellerangaben

Frankonia-Sondermodelle

Modell	Ausführung	Kaliber	Lauflänge	Trommel-kapazität	Gewicht *	Preis (inkl. MWSt.)
Target Master (Baureihe GP-100)	Stainless Steel	.357 Magnum/ .38 Special	6 "/152 mm	6 Patronen	ca. 1150 g	899 € (2007)
357 Practical (Baureihe GP-100)	Stainless Steel, Bushnell-Holosight	.357 Magnum/ .38 Special	6 "/152 mm	6 Patronen	ca. 1300 g	2399 € (2001)
Freestyle (Baureihe GP-100)	Feinguss brüniert	.357 Magnum/ .38 Special	$5\frac{1}{4}$ "/133 mm	6 Patronen	1075 g	1239 € (2003)
Freestyle (Baureihe GP-100)	Stainless Steel	.357 Magnum/ .38 Special	$5\frac{1}{4}$ "/133 mm	6 Patronen	1075 g	1299 € (2003)
Freestyle 1500 (Baureihe GP-100)	Stainless Steel	.357 Magnum/ .38 Special	6 "/152 mm	6 Patronen	1780 g	1299 € (2004)
Match Master (Baureihe GP-100)	Stainless Steel	.357 Magnum/ .38 Special	6 "/152 mm	6 Patronen	ca. 1300 g	929 € (2005)
Match Master Luxus (Baureihe GP-100)	Stainless Steel, Nill-Target-Griff	.357 Magnum/ .38 Special	6 "/152 mm	6 Patronen	ca. 1300 g	1169 € (2009)
Shark (Baureihe GP-100)	Stainless Steel	.357 Magnum/ .38 Special	6 "/152 mm	6 Patronen	ca. 1150 g	1399 € (2009)

* Herstellerangaben

Sturm-Ruger KSP-331 X / 3 Zoll und KRH-445 Redhawk / 5 $\frac{1}{2}$ Zoll, technische Daten und Preise

Hersteller	Sturm, Ruger & Company Inc., Southport/Connecticut, USA	
Baureihe/Katalogmodell	SP-101/KSP-331 X	KRH-445 Redhawk
Kaliber	.357 Magnum/.38 Special	.44 Magnum/.44 Special
Ausführung	Stainless Steel, gegossen, geschliffen, gebürstet. Geflutete Trommel	
Gewicht	775 g	1375 g
Trommelkapazität	5 Patronen	6 Patronen
Länge	200 mm	277 mm
Breite	34,3 mm	45,2 mm
Höhe	120 mm	150 mm
Abstand Abzug-Griffrücken	SA 62 mm DA 72 mm	SA 72 mm DA 82 mm
Griffwinkel	120 Grad	110 Grad
Griff	Weichgummi/Kunststoff	Rosenholz, klassische Form
Lauf	78 mm, fünf Züge rechtsdrehend	140 mm, sechs Züge rechtsdrehend
Trommeldurchmesser	34,3 mm	45,2 mm
Trommellänge	40,3 mm	44,5 mm
Trommelspalt	0,18 mm	0,1mm
Abzugswiderstände *	SA 25,06 N/2,56 kp DA 52,12 N/5,32 kp	SA 26,13 N/2,64 kp DA 43,22 N/4,41 kp
Visierlänge/Visierlinie über Laufachse	119 mm/15 mm	183 mm/23 mm
Kimmenbreite/Kornbreite	3,8 mm/3,2 mm	3,5 mm/3,5 mm
Preis inkl. MWSt.	629 Euro (2009)	879 Euro (2009)

*TriggerScan-Messungen

Sturm-Ruger GP-100 / 6 Zoll, technische Daten und Preise

Hersteller	Sturm, Ruger & Company Inc., Southport/Connecticut, USA		
Baureihe/Katalogmodell	GP-100/GP-160	GP-100/KGP-161	GP-100/Frankonia Freestyle 1500
Kaliber	.357 Magnum/.38 Special		
Ausführung	Stahl, gegossen, geschliffen, brüniert. Geflutete Trommel	Stainless Steel, gegossen, geschliffen, gebürstet. Geflutete Trommel	Stainless Steel, gegossen, geschliffen, gebürstet. Laufmantel hartverchromt. Geflutete Trommel
Gewicht	1180 g	1255 g	1780 g
Trommelkapazität	6 Patronen		
Länge	294 mm	294 mm	295 mm
Breite	39,3 mm	39,3 mm	39,3 mm
Höhe	143 mm	143 mm	152 mm
Abstand Abzug-Griffrücken	SA 72 mm DA 82 mm	SA 72 mm DA 82 mm	SA 73 mm DA 83 mm
Griffwinkel	120 Grad		
Griff	Weichgummi/ Holz		
Lauf	152 mm, fünf Züge rechtsdrehend	152 mm, fünf Züge rechtsdrehend	152 mm, Polygon, sechs Segmente rechtsdrehend
Trommeldurchmesser	39,3 mm	39,3 mm	39,3 mm
Trommellänge	41 mm	41 mm	41 mm
Trommelspalt	0,15 mm	0,15 mm	0,12 mm
Abzugswiderstände *	SA 27,71 N/2,83 kp DA 52,32 N/5,34 kp	SA 23,76 N/2,42 kp DA 47,64 N/4,86 kp	SA 14,71 N/1,50 kp DA 45,36 N/4,63 kp
Visierlänge/Visierlinie über Laufachse	190 mm/20 mm	190 mm/20 mm	199 mm/31 mm
Kimmenbreite/Kornbreite	3,0 mm/3,5 mm	3,5 mm/3,2 mm	2,7 mm/3,2 mm
Preis inkl. MWSt.	699 Euro (2005)	649 Euro (2009)	1 299 Euro (2004)

*TriggerScan-Messungen

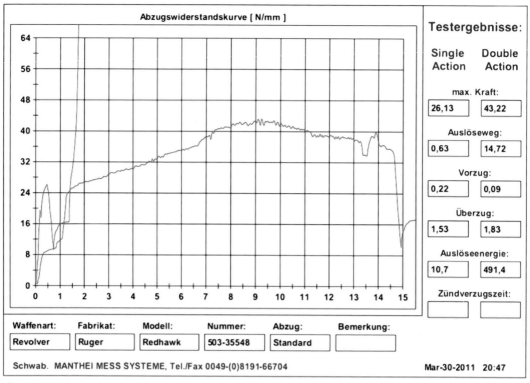

KRH-445 Redhawk

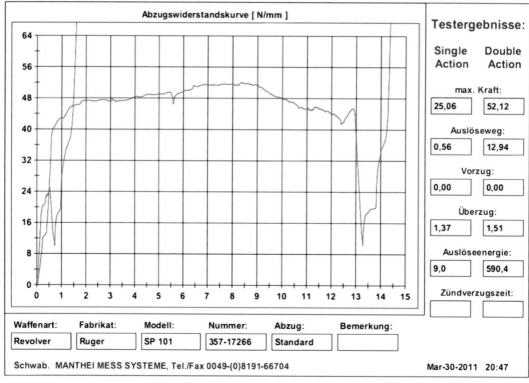

SP-101/KSP-331 X

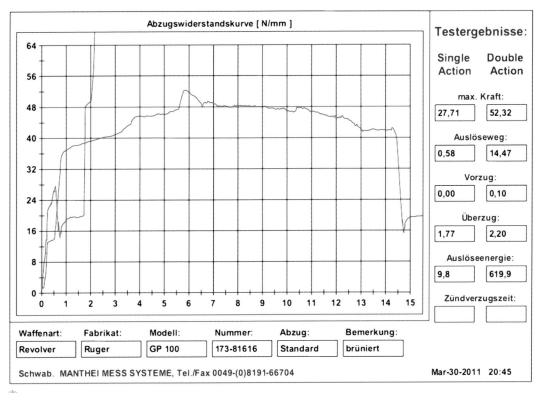

Abzugswiderstandskurve [N/mm]

Testergebnisse:

	Single Action	Double Action
max. Kraft:	27,71	52,32
Auslöseweg:	0,58	14,47
Vorzug:	0,00	0,10
Überzug:	1,77	2,20
Auslöseenergie:	9,8	619,9
Zündverzugszeit:		

Waffenart:	Fabrikat:	Modell:	Nummer:	Abzug:	Bemerkung:
Revolver	Ruger	GP 100	173-81616	Standard	brüniert

Schwab. MANTHEI MESS SYSTEME, Tel./Fax 0049-(0)8191-66704

Mar-30-2011 20:45

⊕ GP-100/GP-160

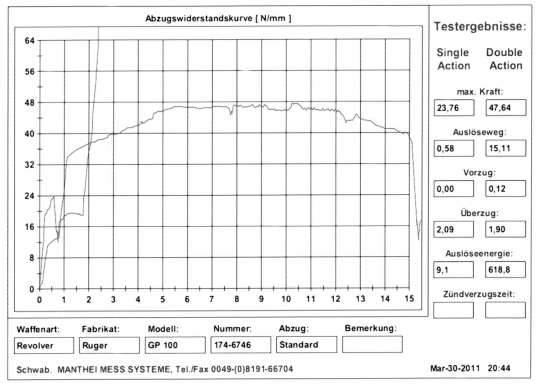

Abzugswiderstandskurve [N/mm]

Testergebnisse:

	Single Action	Double Action
max. Kraft:	23,76	47,64
Auslöseweg:	0,58	15,11
Vorzug:	0,00	0,12
Überzug:	2,09	1,90
Auslöseenergie:	9,1	618,8
Zündverzugszeit:		

Waffenart:	Fabrikat:	Modell:	Nummer:	Abzug:	Bemerkung:
Revolver	Ruger	GP 100	174-6746	Standard	

Schwab. MANTHEI MESS SYSTEME, Tel./Fax 0049-(0)8191-66704

Mar-30-2011 20:44

⊕ GP-100/KGP-161

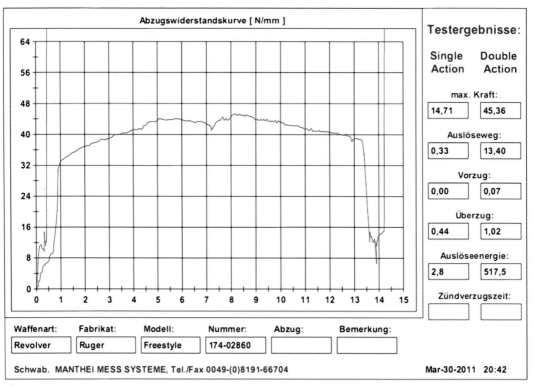

Abzugswiderstandskurve [N/mm]

	Single Action	Double Action
max. Kraft:	14,71	45,36
Auslöseweg:	0,33	13,40
Vorzug:	0,00	0,07
Überzug:	0,44	1,02
Auslöseenergie:	2,8	517,5
Zündverzugszeit:		

Testergebnisse:

Waffenart:	Fabrikat:	Modell:	Nummer:	Abzug:	Bemerkung:
Revolver	Ruger	Freestyle	174-02860		

Schwab. MANTHEI MESS SYSTEME, Tel./Fax 0049-(0)8191-66704   Mar-30-2011 20:42

GP-100/Frankonia Freestyle 1500

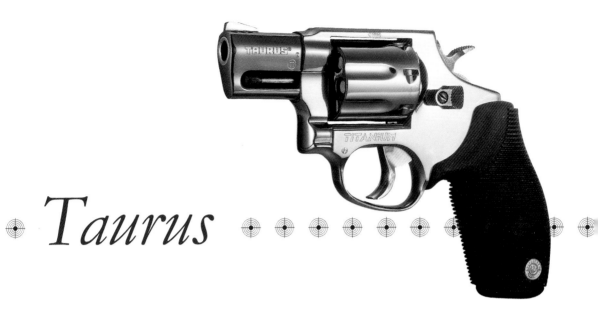

Taurus

Brasilianische Kunstschmiede

Nomen est omen: Forjas (portugiesisch) bedeutet Schmiede, und so schmiedet die brasilianische Forjas Taurus S.A. in Porto Alegre im Bundesstaat Rio Grande do Sul die Rahmen und andere Teile ihrer meist großkalibrigen Stahl- und Titanrevolver „hammer-drop-forged" im Gesenk. Im Zeitalter fortschreitender Rationalisierung rechnet sich ein so aufwändiges Verfahren mit entsprechender Nachbearbeitung natürlich nur in Billiglohnländern – es sei denn, der Hersteller verfügt über eine Klientel, die hochwertiges Material und erstklassige Verarbeitung ebenso zu schätzen weiß wie die perfekte Waffenfunktion und dafür Preise bezahlt wie bei Korth oder Janz.

Die brasilianische Waffenschmiede baut ihre Revolver seit 1939 in starker Anlehnung an Smith & Wesson, ohne dabei immer originalgetreu vorzugehen. So bestehen große Analogien in der Gesamtkonzeption und bei den Rahmengrößen, während die Trommellagerung, die Trommelverriegelung und das Schloss eine ganze Reihe eigenständiger Detaillösungen aufweisen. Am Rahmen zum Beispiel entfällt der Anschlag für die ausgeschwenkte Trommel, die sogenannte „Träne" der neueren Smith & Wessons, die durch ein internes Rückhaltesystem ersetzt wird. Unabhängig von Modell, Rahmen- und Trommelgröße beruht dieses System auf der Spreizung einer zur Hohlwelle des Krans hin geschlitzten Federkrallenbuchse im Trommelboden, deren vier Krallen im Gegenkonus der Wellenbohrung zur Anlage kommen und bei eingesetzter Ausstoßerstange nicht ausfedern können. Zur Demontage braucht diese nur entfernt und die Trommel gegen die Federkraft der Krallen von der Hohlwelle gezogen zu werden. Die Trommel selbst lagert direkt auf der Hohlwelle und wird von einem Anlaufring, der zugleich Teil der Wellendichtung ist, auf Distanz zum Kran gehalten. Die zweiteilige und doppelt gefederte Ausstoßerstange dreht sich mit der Spindel im Kran und rotiert mit der Trommel. Den Kraftschluss und damit auch die Kraftübertragung von der Trommeltransportklinke über die Verzahnung am Ausstoßerstern besorgen die profilierte Sternnabe, das Innenprofil der Federkrallenbuchse und zwei Stifte im Trommelboden. Beim Hülsenausstoß macht sich eine beträchtliche Stangenunterlänge unangenehm bemerkbar – der Hub verschiedener Modelle beträgt kaum mehr als zwei Drittel der Hülsenlänge.

Zur Trommelverriegelung trägt die Ausstoßerstange der neueren Baureihen nur einseitig bei. Wie die Verriegelungsstange bei Smith & Wesson greift ein stark gefederter Riegelbolzen aus der Sternnabe ins Zentrum des Trommelschilds und aktiviert den schwächer gefederten Trommelöffnungsschieber für den späteren Gebrauch. Dagegen verlegte Taurus die vordere Verriegelung von der Laufunterseite an den Kran, dessen Schnappverschluss je nach Modell als angeschrägter Federbolzen oder fest anliegender Riegel unterhalb des Laufgewindes in den Rahmen einrastet. Die schwächere Ausführung ist einhändig zu bedienen und gelangt vorzugsweise bei den kleinen und mittleren Magnums zur Anwendung. Typische Beispiele sind der kurzläufige 617 Ti und die sechszölligen 669 und 689 VR (Ventilated Rib). Die stärkere Variante der Großrahmenmodelle Raging Bee (.218 Bee), Raging Hornet (.22 Hornet), Raging Thirty (.30 Carbine) und Raging Bull (.41 Magnum, .44 Magnum, .454 Casull und .480 Ruger) führt

am Kran einen zusätzlichen Entriegelungsschieber, der unter Verzicht auf eine Ruger-ähnliche Automatik in beidhändiger Aktion zugleich mit dem rahmengebundenen Schieber betätigt werden muss. Kranlagerung, Trommellagerung und Kranverriegelung mit eingeschliffenem Anschlag zeichnen sich durch saubere Verarbeitung und minimale Einbauspiele aus.

Ohne den Rahmenausschnitt und die Abdeckung wesentlich zu verändern, ersetzte Taurus in mehreren Stufen das bei Smith & Wesson noch immer gebräuchliche Rückspringschloss durch ein Transfer-Bar-Sicherheitsschloss. Im Rahmeninneren sind die bei älteren Modellen häufig beanstandeten groben Frässpuren sauber geschlichteten und fein gestrahlten Oberflächen gewichen, wie sie in gleicher Qualität auch das Trommelfenster und – reibungsmindernd gegenüber den vorbeigleitenden Hülsenböden – die Innenseite des Trommelschilds glätten, und aus der Rechtsöffnung des Rahmens und der von rechts eingreifenden Trommeltransportklinke wiederum resultieren die vorbildgetreue Linksöffnung und Linksdrehung der Trommel. Die bei Taurus obligatorische gewickelte Schlagfeder stützt sich je nach Rahmengröße in einem Square Butt, Round Butt oder schmalen eckigen Griffrahmen zur Aufnahme eines mehrteiligen rückstoßdämpfenden Weichgummigriffs ab.

Wie Smith & Wesson stattet auch Taurus seine Revolver mit einem Universalschloss aus. Unterschiede bestehen lediglich bei den Abmessungen der Teile, die sich an den

Rahmengrößen orientieren, und in der Ausführung der Hahne in Bezug auf die spezifischen Anforderungen an die Waffen. Entsprechend den Bodyguards und Centennials besitzen die Protectors und CIA's (Carry It Anywhere) weitgehend oder ganz verdeckte Hahne, alle konventionellen „Doubles" verfügen über Hahne mit griffigem Sporn und vor Waffenmissbrauch schützen Hahne mit dem integrierten „Taurus Security System", das den ungespannten Hahn unter Verschluss hält. Nur bei den Double-Action-Only-Modellen wird der Hahn nach der gleichen Methode vom Rahmen her auf- oder abgeschlossen.

An Bewegungsfreiheit mangelt es dem Schloss nicht. Abzug, Hahn, Transfer Bar, Trommeltransportklinke, Trommelsperre und Federn verlieren sich geradezu im vorgegebenen Rahmenausschnitt, obwohl sie von der Ausführung, der Anordnung und der Kinematik her noch stark an das ausgemusterte Rücksprungschloss erinnern. So versieht auch hier der Abzug den Dienst des Abzugsstollens mit Schnabel und Spannzahn für die Hahn- und Abzugsspannung, betätigt mit der Nase die Trommelsperre und steuert seitlich die Trommeltransportklinke und die Schlagstange. Abzug, Hahn und Trommelsperre sind glatte oder mattierte Feingussteile und werden für neuere Modelle auch in der MIM-Spritzgusstechnik hergestellt.

Änderungen in den Bewegungsabläufe ergeben sich allein durch die Sicherheitseinrichtungen. Wo im Rücksprungschloss der Schieber unter Druck der Abzugfeder den abgeschlagenen Hahn bei Entlastung des Abzugs gerade so weit zurückstellt, dass die ausfahrende Hahnsperre in den entstehenden Spalt zwischen Rahmen und Hahn eintreten kann, arbeitet im Transfer-Bar-Schloss eine ungekapselte Schraubenfeder. Die Schlagstange ist am Abzug angelenkt, bewegt sich gegenläufig zur Hahnsperre und überträgt den Schlagimpuls erst im oberen Totpunkt auf den Schlagbolzen. Zur Schlag- und Fallsicherung trägt der Hahn eine Nase, die bei abgesenkter Schlagstange über dem ausgefederten Schlagbolzen am Rahmen anliegt.

Die Bewegungsabläufe insgesamt starten in Single Action mit dem Griff des hahnseitigen Spannarms unter den Abzugsschnabel. Die Kompression der Federn erfolgt bei älteren Modellen über Führungsstangen mit Rundprofil und Kugelkopf, die an Hahn und Abzug in Pfannen liegen und ihre Gegenlager im Rahmenfenster (Schlagfeder) und auf einem Bolzen im Rahmenausschnitt (Abzugsfeder) finden. Für die Schlosse neuerer Bauart sind flache Schlagfederstangen vorgesehen, die wie die anderen Führungsstangen eine Querbohrung zur Festlegung der vorgespannten Feder enthalten. Im weiteren Verlauf der Hahndrehung zieht die Abzugsnase die schwimmend gelagerte Trommelsperre bis zur Freigabe der Trommel aus der Sperrnut, während der nach hinten drehende Abzug die rechts angelenkte Trommeltransportklinke an den Zahnkranz des Ausstoßersterns und die links angelenkte Schlagstange vor den Schlagbolzen hebt. Gleichzeitig blockiert ein Stift im Transporteur den je nach Modell einzigen oder hinteren Trommelöffnungsschieber, so dass die Trommel bei gespanntem Hahn nicht ausgeschwenkt werden kann. Trommeltransportklinke und Schlagstange sind Stahlprägeteile. Die Hahnspannung endet mit dem Einfedern der Trommelsperre nach deutlicher „Zeichnung" der weitergedrehten Trommel, dem verzögerten Einrasten des Schnabels in die Spannrast und der Kontaktstellung der Schlagstange zum Schlagbolzen. Nach der Schussauslösung schwingt der entlastete Abzug in die Ausgangsstellung zurück, zieht seine zwangsgesteuerten Begleiter aus ihrem Wirkungsbereich und klinkt sich wieder in die Trommelsperre ein.

In Double Action setzen Abzugsschnabel und Spannzahn vom beweglichen Hahnmitnehmer auf den starren Spannarm um, drehen den Hahn über den äußersten Haltepunkt weg und bringen ihn unmittelbar nach dem Trommelstillstand bei angehobener Schlagstange zu Fall. Alle anderen Bewegungen und auch die Rückstellung des Systems unter Druck der Abzugsfeder stimmen mit dem Single-Action-Modus überein.

Weltweit kursieren inzwischen über 50 Double-Action- und Double-Action-Only-Modelle in Stahl, Dural, Titan oder gemischter Bauweise und mehr als dreimal so viele Ausstattungsvarianten. Brünierte, rostträge, rostfreie und Deluxe-Revolver mit titannitrierten Schlossteilen und Perlmutt-Imitat für die Griffe sind dabei ebenso vertreten wie fünf-, sechs-, sieben-, acht- und neunschüssige Exemplare oder solche mit 2-, $2\frac{1}{2}$-, 4-, 5-, 6-, $6\frac{1}{2}$, $8\frac{3}{8}$-, 10- und 12-Zoll-Läufen.

Viele Läufe enthalten Gasentlastungsbohrungen, die in Dreier- oder Viererreihen neben dem Korn münden, und auch die angebotenen Kaliber decken die Skala weitgehend ab: .17 HMR (nach Taurus „das Beste für die Jagd auf Kojoten, Hasen, Eichhörnchen, Krähen und ähnliches Getier"), .218 Bee, .22 l. r., .22 WMR, .22 Hornet, .30 Carbine, .32 H&R Magnum, .38 Special, .357 Magnum, .41 Magnum, .44 Special, .44 Magnum, .45 Colt, .45 ACP, .454 Casull und .480 Ruger. Der 454 Raging Bull war übrigens der erste Schwenkrevolver in einem der „Superkaliber" und bewog Smith & Wesson später zur Einführung der X-Rahmen-Modelle.

Das blaue Wunder: 617 Ti

Alles, was in Titan hergestellt werden kann, besteht auch aus Titan oder ist – in geschützter Kurzform – „Total Titanium". Dieses Markenzeichen kennzeichnet die Taurus-Titan-Taschenrevolver seit ihrer Einführung um die Jahrtausendwende und garantiert die Verwendung des exotischen Metalls für alle Komponenten außer Laufbuchsen (Läufen), Schloss- und Verriegelungsteilen, Stangen und Schrauben. Der aus der Luft- und Raumfahrt und der Kraftfahrzeugtechnik besser bekannte Werkstoff setzt der Härtung nämlich Grenzen, bei deren Überschreitung die Gefahr der Zermürbung droht, gleichwohl Titan mit einer Dichte von 4,54 g/cm^3 gegenüber Eisen (7,874 g/cm^3) die Idealbesetzung für den nicht auf Aluminium (2,702 g/cm^3) beruhen-

Forstoberinspektor Michael Lunkwitz erlebt sein blaues Wunder. Den Probeschuss in der Markendorfer Heide wird er so schnell nicht vergessen!

⊕ In der Tat ist der Taurus 617 Ti als kurzläufiger 357er mit einem Leergewicht von nur 562 Gramm nicht leicht zu beherrschen

den Leichtbau ist. Im vorliegenden Fall bringt der siebenschüssige 357er gerade einmal 562 Gramm auf die Waage.

In Anbetracht der Tatsache, dass das zähe Material schwer zu bearbeiten ist und die Oberflächen noch schwieriger zu glätten sind, zeigt der in Bright Spectrum Blue gehaltene 617 Ti (617 TB 2C) ein Finish, das in keinem Verhältnis zu seinem Preis weit unter

1000 Euro steht. Zumal die verarbeitete Legierung ein Mehrfaches der im Waffenbau gebräuchlichen rostträgen Stähle kostet. Sowohl die CNC-gefrästen Schmiedeteile wie Rahmen, Schlossplatte, Trommelkran und Laufmantel als auch die CNC-gedrehte Trommel und andere Teile lassen hinsichtlich der Bearbeitung und Passung so gut wie keine Wünsche offen. Die Außenflächen sind spiegelblank,

⊕ „Sometimes it takes more than steel, alloys or polymer composites to make the perfect handgun", begründet Taurus den Einsatz von „hammer-drop-forged titanium", wo immer es die möglichen Härtegrade zulassen – nur Lauf, Schlossteile, Teile der Trommelverriegelung und Schrauben bestehen aus gehärtetem Chrom-Molybdän-Stahl

ohne an den Ecken und Kanten rundgeschliffen zu sein, die Schlossplatte verschwindet fast nahtlos im Rahmen, der Trommelkran folgt exakt der Rahmenkontur und das Rahmeninnere hält ein hohes Verarbeitungsniveau. Edelstahl-Laufbuchse und Titanmantel sind zu beiden Seiten des Korns in Dreierreihen V-förmig geportet.

Taurus nennt das Paket „steel-sleeved titanium barrel" und bescheinigt den Kompensatormündungen im Titan höchste Resistenz gegenüber Korrosion und Erosion.

Auch das Schloss genügt hohen Ansprüchen. Im Vergleich der Widerstandskurven schneidet der 617 Ti mit 17,01 N in Single Action, 43,92 N in

⊕ Taurus hat kein Problem damit, auch seinen kompakten Service-Revolver mit sieben Magnumpatronen vollzutanken. Ein fülliger Gummilamellengriff soll den besonders starken Rückschlag des Ultraleichtgewichts dämpfen

Double Action und einem sehr gleichmäßigen Verlauf beider Aktionen genauso gut ab wie der getunte 689 Euro Champion – und besser als die meisten Konkurrenzfabrikate. Passend zur blauschimmernden Waffe sind Abzug und Hahn glatt und buntgehärtet.

Ob sieben Schuss in der Trommel für den Waffenträger oder Jäger überhaupt relevant sind, sei dahingestellt. Sieben schnell hintereinander abgefeuerte Schüsse in harter Magnum-

Laborierung sind für jeden Schützen aber die Härte. Denn wie alle Snubnoses in diesem Kaliber schlägt auch der äußerlich so distinguierte 617 Ti trotz seines „shock-absorbing" Gummilamellengriffs gnadenlos zurück. Der formschöne Ribber Grip hält ohne Schraube und kann mit Hilfe einer beigelegten Plastikklammer oder zweier Scheckkarten problemlos abgestreift werden. Aus der Schießmaschine wartet der Zwei-

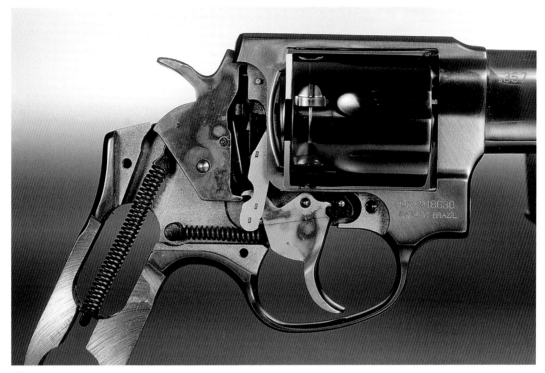

⊕ **Wie in allen Taurus-Modellen neuerer Bauart sichert auch im 617 Ti eine Schlagstange das ungespannte Schloss. Dank der übersichtlichen Schlosstechnik sind die abgesenkte Transfer Bar und der über dem Schlagbolzen am Rahmen anliegende Hahn gut zu erkennen**

zöller mit respektabler Präzision auf. Im Magnum-Bereich verdaut er die Fabrikpatronen von Winchester (10,2 Tlm FK), Fiocchi (10,2 g Tlm FK) und Lapua (9,7 g CEPP) so gut, dass dabei Streukreise von 35 bis 38 Millimeter herauskommen, und mit den 38er-WM-Bullets (10,2 g Blei FK) legt er erstaunliche 29 Millimeter vor. Ein angeschossener Keiler sollte damit zu treffen sein...

669 und 689 Euro Champion

Sportrevolver sind nicht die Domäne der Brasilianer. Taurus baut haupt-

sächlich Revolver für die Jagd, wo jagen mit der Kurzwaffe über den Fangschuss hinaus erlaubt ist, und – als Ergänzung eines umfangreichen Pistolenprogramms – zur Selbstverteidigung. Zumindest vom Angebot her überwiegen auch Revolver „just for fun", für das Plinking und Varminting, die kurzläufigen Mini-Magnums ab Kaliber .32 H&R Magnum, die Revolver für Pistolenkaliber und die kompakten 44er in Special und Magnum. Dennoch sind der 669, der davon abgeleitete 689 VR und das Hofmann-Sondermodell 689 Euro Champion ernsthafte Konkurrenten für alle sportlich geschossenen 357er.

Taurus konzipierte den 669 ähnlich

🎯 Das Modell 669 ist eine Art „Distinguished Combat Magnum" mit ähnlich guten Anlagen zur sportlichen Weiterentwicklung. In der Akzeptanz konnte es der qualitativ kaum unterlegene Brasilianer dagegen nie mit seinem US-amerikanischen Vorbild aufnehmen

dem Smith & Wesson M 586/686 als Service-Revolver mit besten Anlagen für eine zweite Karriere. Der 669 ist ein Medium-Frame-Modell in Blue oder Stainless Steel mit allen konstruktiven wie qualitativen Verbesserungen seit der Einführung neuer Magnum-Modelle gegen Ende der 1990er-Jahre, wozu auch die Verlegung der vorderen Trommelverriegelung vom Ausstoßerstangengehäuse an den Trommelkran zählt. Beim Größenvergleich kommt der mittlere Taurus-Rahmen dem L-Rahmen von Smith & Wesson am nächsten. Die größten Unterschiede zeigen sich seitlich am Hahn, wo der Taurus fünf Millimeter länger baut, um innen Platz für die eingefräste Schlagstangenführung zu schaffen, im Längenausgleich über die Rahmenbrücke und den Unterbau zwischen Schloss und Kranlager, in der von 16,5 auf 16 Millimeter reduzierten Rahmenbreite und im Square Butt mit geteiltem Fenster als Schlagfederauflage. Identisch sind dagegen die Materialreserven der Rahmenwandungen von 4,7 und der Rahmenbrücken von 5,5 Millimetern.

⊕ Im gespannten 669er-Schloss ist die Transfer Bar zur Übertragung des Schlagimpulses hochgefahren. Querbohrungen zur Festlegung der Federn in den Führungsstangen erleichtern nicht nur die Wartung, sondern gegebenenfalls auch den schnellen Austausch der Serienfedern gegen weniger starke aus dem Zubehörhandel

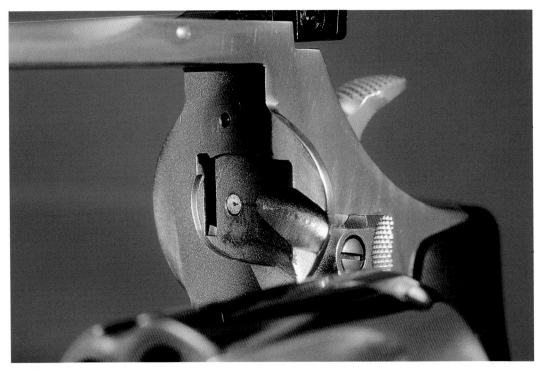

⊕ Taurus stattet seine doppelt verriegelten Modelle mit ein- oder beidhändiger Entriegelung aus. Der 669 zählt zur ersten Kategorie mit der üblichen Verriegelung im Stoßboden und einem gefederten Riegelbolzen am Kran

Der geschmiedete Rahmen führt den nach links ausschwenkenden Trommelkran mit wenig Spiel und bietet dem Kranriegelbolzen unter dem Laufgewinde einen strammen Sitz. Wie bei den meisten Revolvern kann die Verriegelung durch gleichzeitige Betätigung des Trommelöffnungsschiebers und seitlichen Druck auf die Trommel ohne höheren Kraftaufwand einhändig gelöst werden. Die linksdrehende Trommel liegt mit den Federkrallen der Führungsbuchse im Gegenkonus der Kranhohlwelle und wird durch die Ausstoßerstange gegen die unbeabsichtigte Trennung vom Kran gesichert. Ihre Außenabmessungen entsprechen nur in der Länge

von 41,6 Millimetern der L-Rahmen-Trommel (41,3 mm). Im Durchmesser besteht eine Differenz von 38 (Taurus) zu 39,6 Millimetern.

Transfer Bar und Transporteur sind in ihrer Doppelfunktion als Übertragungselemente (Schlagstange/Trommeltransportklinke) und Sicherheitseinrichtungen (Unterbrecher/Entriegelungssperre) so angeordnet, dass durch ihre Anlenkung links und rechts am Abzug weder der Schlagimpuls zu früh übertragen, noch die Trommel bei gespanntem Hahn ausgeschwenkt oder der Klinkenschlitz im Trommelschild vom mitschwenkenden hinteren Riegelbolzen überlaufen werden kann. Das Timing stellt

◉ **Hofmanns Sondermodell Euro Champion wertet den ehemaligen 689 VR durch ein überarbeitetes Schloss und ein verstiftetes Scheibenkorn auf der Ventilated Rib sportlich auf** die beigedrehte Kammer in Single Action deutlich vor und in Double Action zeitgleich mit dem fallenden Hahn hinter den Lauf. In Single Action macht sich ein leichtes Kriechen des Abzugs bemerkbar, das mit der Überarbeitung von Schnabel und Rast am 689 EC (Euro Champion) restlos verschwindet. Mit Abzugswiderständen von 23,5/21,05 N in Single Action und 45,06/43,69 N in Double Action liegen 669 und 689 EC mit vergleichbaren Fabrikaten ungefähr gleichauf. Die Double-Action-Kurvenverläufe belegen eine angenehme Charakteristik, und den Rest besorgen gegebenenfalls schwächere Federn aus dem Zubehörhandel.

Je nach Modell nimmt der Rahmen einen fünffach gezogenen Vier- oder Sechszoll-Lauf mit 476 Millimeter Rechtsdrall auf. Den Vier- oder Sechszöller des Service-Revolvers überragt eine massive Laufschiene, die an den exklusiv angebotenen Sechszöllern 689 VR und 689 EC ventiliert und zur Verschraubung mit einer Zielfernrohrmontage vorbereitet ist. Unter sämtlichen Läufen erstreckt sich das Ausstoßerstangengehäuse als schmales U-Profil bis zur Mündung, wo es markentypisch schräg abschließt. In der Leistung schenken sich die Sechszöller nichts. Aus 25 Metern halten beide mit Fabrikmunition mühelos die Zehn, wobei die 10,2 Gramm-Magnum-Laborierungen von Geco, Magtech und WM-Bullets mit je 26 Millimetern auf dem 669 am besten „laufen". Im 689 EC produzieren Hirtenberger (25 mm), S&B (25 mm) und Federal (29 mm) die kleinsten Streukreise. Ähnliche Ergebnisse werden auch mit diversen Special-Laborierungen erreicht.

Die beiden Modelle unterscheiden sich jedoch nicht nur durch das Ansprechverhalten der Schlosse und die Masse der Laufschienen. Unterschiedlich geben sich auch die Oberflächen, die am 669 auf Hochglanz poliert und am 689 EC seidenmatt gestrahlt sind. In der Ausführung besticht der Euro Champion mit scharf gezeichneten Konturen und kantigen Übergängen, während der 669 insgesamt etwas rundlicher wirkt. Darüber hinaus ist der 689 EC mit einem ergonomisch besser geformten Trommelöffnungsschieber ausgestattet und trägt anstelle des festen 669-Rampenkorns ein verstiftetes Scheibenkorn. Das einheitliche Stellvisier ist beschriftet und enthält eine stark hinterschnittene Kimme.

Ungebändigter Stier: 444 Raging Bull

Bei der Shot Show 1998 in Las Vegas begründete der Raging Bull im Kaliber .454 Casull eine Revolverbaureihe, die nur noch bedingt als Smith & Wesson-Anleihe angesprochen werden kann. Wäre die Forjas Taurus S. A. nicht im Wortsinn eine Waffenschmiede, könnte man sagen, der später als 416, 444 und 480 auch in anderen Kalibern angebotene ungezügelte Stier folgt einem Design wie aus einem Guss. Gegossen, neuerdings auch in der MIM-Spritzgusstechnik, sind nur die dafür geeigneten Schlossteile.

Um nach der Firmenphilosophie möglichst universell eingesetzt wer-

Das einmal preisgekrönte Design besticht noch heute: Trotz „bulliger" Auslegung auf das damals stärkste Kaliber .454 Casull formte Taurus den großen Rahmen, die aufwändige Trommelverriegelung, die im Original fünfschüssige Trommel und die massive Laufgruppe zu einer geschlossenen Einheit. Importeur Hofmann, der den jagdlichen Anspruch („simply the best ...") hierzulande nicht umsetzen kann, konzentriert sich auf das sportliche Potenzial und ordert den sonst nur geporteten Raging Bull als Modell 444 in .44 Magnum nach den Statuten der deutschen Sportschüzenverbände unkompensiert und leichter

den zu können, gehen auch die Raging Bull nahezu ausnahmslos kompensiert und mit Lauflängen von 5, $6\frac{1}{2}$ und $8\frac{3}{8}$ Zoll in Serie. Bezüglich des jagdlichen Anspruchs sind die bulligen Revolver für die Taurus-Werbung sogar „simply the best hunting handguns aviable" – wie gesagt: Wo es das Jagdgesetz hergibt. Eine der wenigen Ausnahmen findet sich am mattsilbernen 44er-Sondermodell, das Importeur Hofmann nach den Regeln der deutschen Sportschützenverbände leichter und ohne Kompensator herstellen lässt. Außerdem bedarf es einer Laufkürzung von $6\frac{1}{2}$

(165 mm) auf etwas mehr als sechs Zoll (153 mm).

Ursächlich für das preisgekrönte Design war das starke Ausgangskaliber, das dem Rahmen, der Trommel und der Trommelverriegelung mehr abverlangte als die Widerstandsfähigkeit des 1993 aufgelegten Modells 44 mit dem damals größten Rahmen sowie der üblichen Verriegelung im Zentrum des Trommelschilds und im Ausstoßerstangengehäuse. Darüber hinaus forderte auch die größere Patronenlänge ihren Tribut, so dass es der Neuling auf noch stattlichere Dimensionen bringt. Besonders kräftig ist er zwischen Laufge-

Raging Bull in Single Action: gespannt, entsichert, schussbereit

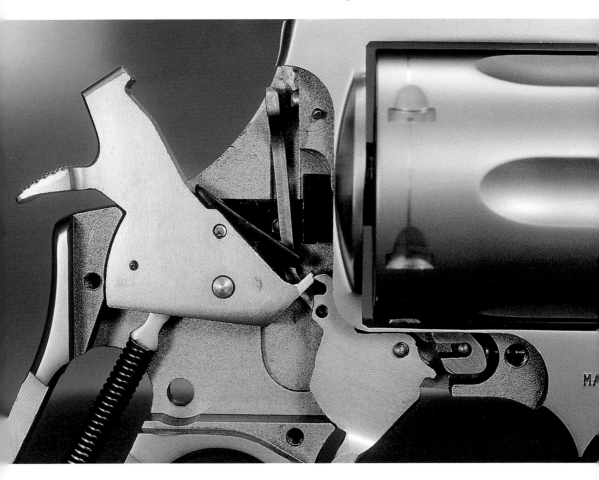

⊕ Raging Bull in Double Action: Schon im Ansatz zur Drehung nimmt der Abzug über den Schnabel Kontakt mit der Hahnklappe auf (1) und beginnt den Hahn zu spannen. In der Folge setzt der Abzug vom Schnabel auf den Spannzahn um (2), entlastet die Hahnklappe, greift unter den Spannarm des Hahns und bringt schließlich das voll gespannte Schlagstück (3) am höchsten Punkt zu Fall. Der soeben abgeschlagene Hahn (4) drückt über die Schlagstange den Schlagbolzen noch aus dem Stoßboden

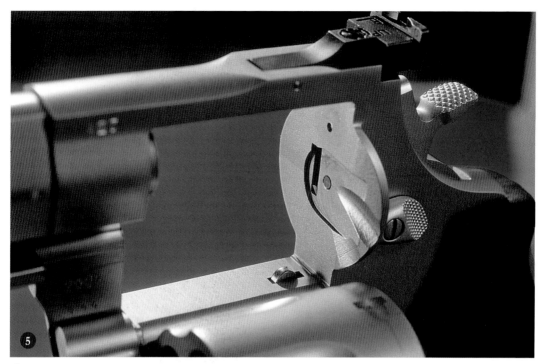

⊕ Trommelverriegelung durch den Riegelbolzen der Ausstoßerstange im Zentrum des Trommelschilds und einen Schieber unter dem Laufgewinde. Die Entriegelung erfordert die gleichzeitige und daher beidhändige Betätigung der Öffnungsschieber an Rahmen und Kran – kein Problem beim „statischen", aber ein großes beim „praktischen" Schießen

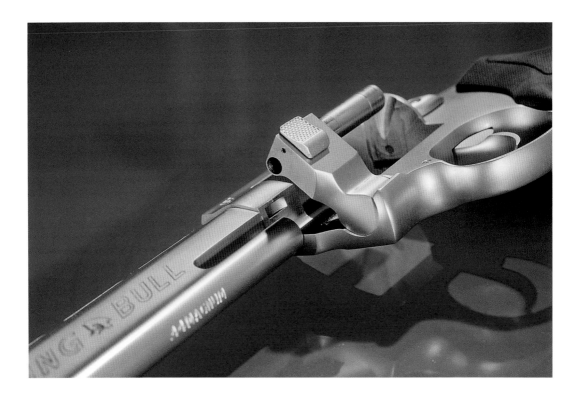

⊕ Der Schieber rastet unter dem Laufgewinde ein

winde und Kranlager ausgeführt, wo der Kran mittels Schieber die vordere Trommelverriegelung übernimmt. Allein das Rahmenjoch misst an der schwächsten Stelle 17x7 Millimeter, und die Rahmenbrücke kommt auf den bemerkenswerten Querschnitt von 16x7,5 Millimetern. Hinten läuft der Rahmen zur Aufnahme eines speziellen Weichgummigriffs in einen schmalen Griffstummel aus. Dieser Griff ist zur Schonung des Mittelfingers am Abzugsbügel weit nach unten gezogen und enthält im Rücken eine noch weichere, hellrot abgesetzte Gummieinlage als zusätzlichen Schockdämpfer.

Im 49x46 Millimeter großen Trommelfenster rotiert eine „quadratische" Trommel von je 45 Millimetern, die im Casull- und Ruger-Kaliber fünfschüssig

und für die beiden Magnums (. 41/.44) sechsschüssig ist. An der fünfschüssigen Trommel liegen die Sperrnuten zwischen den Kammern und gewährleisten ungeschwächte Wandungen über die ganze Länge. Im Teilkreis der sechsschüssigen Ausführung stehen die 1,4 Millimeter tiefen Nuten direkt über den Kammern und reduzieren die Wanddicke der 41er-Trommel von 3,2 auf 2, 2 Millimeter und die der 44er auf 1,8 Millimeter. Trommel und Kran sind durch die Federkrallen der Führungsbuchse und die zweiteilige Ausstoßerstange miteinander verbunden, und auch der Trommelspalt (0,15 mm), der Verschlussabstand (0,35 mm), das Trommellängsspiel (0,12 mm) sowie die geringen Spiele an Kran, Verriegelung und Trommelarretierung entsprechen dem allgemein hohen Fertigungsstan-

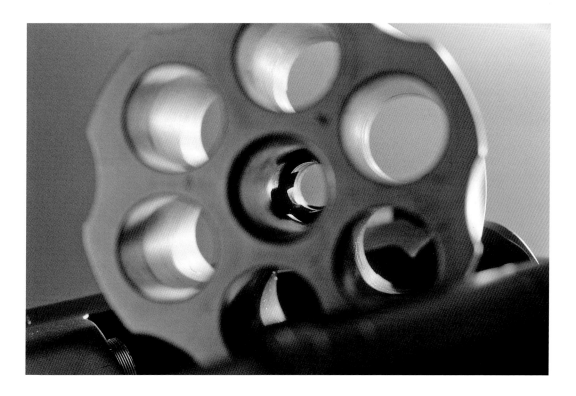

dard. Das Gleiche gilt für das Timing.

Mehr noch als durch den wuchtigen Rahmen, die große Trommel und den besonderen Griff wird das eindrucksvolle Äußere des Raging Bull von der Laufeinheit geprägt, dem geporteten oder unkompensierten Lauf mit seinem markanten Außenprofil in Form der ventilierten Laufschiene, des mündungslangen Ausstoßerstangengehäuses, der fließenden Übergänge und des gewölbten Mündungsbereichs. In dieser Einheit steckt so viel Masse, dass die Kürzung des sechseinhalbzölligen 44er-Laufs das unkompensierte sechszöllige Pendant um 68 Gramm auf regelkonforme 1540 Gramm erleichtert – der Deutsche Schützenbund gestattet in diesem Kaliber ein Maximalgewicht von 1550 Gramm. Der gekürzte Lauf kommt unter Berücksichtigung der angesenkten Mündung auf eine effektive Länge von 153 Millimetern und enthält fünf Züge mit 610 Millimetern Rechtsdrall.

Für Schützen, die im allgemeinen Gebrauch, bei der Jagd oder nach sportlichen Ausnahmeregeln optische oder elektronische Zielgeräte verwenden wollen, bietet auch diese Laufeinheit durch die geschlitzte Schiene und eine dazu passende Weaver-Basis die Möglichkeit, alle gängigen Zielfernrohre und Leuchtpunktvisiere ohne größeren Aufwand zu montieren – sportlich zum Beispiel für die Freie Klasse beim Bund Deutscher Sportschützen. Als offene Visierung dient das gleiche Stellvisier wie bei den Modellen 669 und 689 EC sowie ein verstiftetes Scheibenkorn im hochgezogenen Kornsattel.

Wie in allen neueren Taurus-Revolvern kontrolliert eine Federkrallenbuchse den Trommelsitz auf dem Lagerzapfen. Die Sicherung der in der Hohlwelle rastenden Krallen übernimmt die eingesetzte Ausstoßerstange

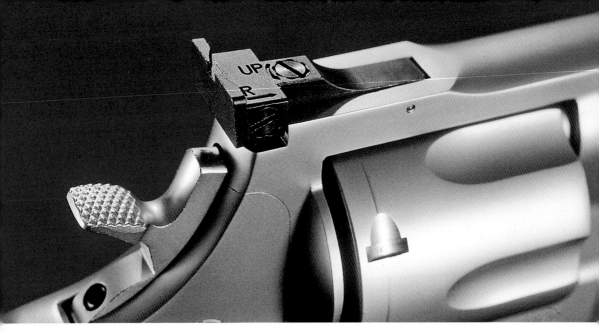

⊕ Eine stark hinterschnittene Kimme und gute Beschriftung zeichnen das hausgemachte Universalvisier aus

⊕ Zugesperrt: Das patentierte Taurus Security System blockiert den ungespannten Hahn

Taurus in Deutschland

Importeure	Frankonia Handels-GmbH & Co. KG, Rottendorf Helmut Hofmann GmbH, Mellrichstadt					
Modell	Ausführung	Kaliber	Lauflänge	Trommel-kapazität	Gew. *	Preis (inkl. MWSt.)
605	Stainless Steel	.357 Magnum/ .38 Special	2 "/51 mm	5 Patronen	700 g	299 € (2011)
605 UL	LM/Stainless Steel (matt)	.38 Special	2 "/51 mm	5 Patronen	485 g	419 € (2004)
617 Ti	Titan (blau)	.357 Magnum/ .38 Special	2 "/51 mm	7 Patronen	562 g	892 € (2004)
617 Ti	Titan (grau)	.357 Magnum/ .38 Special	2 "/51 mm	7 Patronen	562 g	892 € (2004)
Hunter	Stainless Steel (matt)	.357 Magnum/ .38 Special	3 "/76 mm	5 Patronen	715 g	435 € (2011)
Tracker	Stainless Steel	.44 Magnum/ .44 Special	4 "/102 mm	6 Patronen	980 g	585 € (2011)
65	Stahl (brüniert)	.357 Magnum/ .38 Special	4 "/102 mm	5 Patronen	1050 g	370 € (2011)
669 Service	Stainless Steel (matt)	.357 Magnum/ .38 Special	4 "/102 mm	6 Patronen	1110 g	559 € (2011)
96 EC (Euro Champion)	Stainless Steel	.22 l.r.	6 "/152 mm	6 Patronen	960 g	499 € (2004)
669	Stainless Steel	.357 Magnum/ .38 Special	6 "/152 mm	6 Patronen	1225 g	499 € (2004)
689 VR	Stainless Steel	.357 Magnum/ .38 Special	4 "/102 mm	6 Patronen	1050 g	799 € (2000)
689 VR	Stainless Steel	.357 Magnum/ .38 Special	6 "/152 mm	6 Patronen	1150 g	799 € (2000)
689 EC (Euro Champion)	Stainless Steel	.357 Magnum/ .38 Special	6 "/152 mm	6 Patronen	1187 g	599 € (2011)
444 Raging Bull	Stainless Steel (matt)	.44 Magnum/ .44 Special	6 "/153 mm	6 Patronen	1540 g	725 € (2011)

* Herstellerangaben

Taurus 617 Ti / 2 Zoll, 669 / 6 Zoll und 689 Euro Champion / 6 Zoll, technische Daten und Preise

Hersteller	Taurus Forjas S. A., Porto Alegre, Brasilien		
Modell	617 Ti	669	689 EC
Kaliber	.357 Magnum/.38 Special		
Ausführung	Titan, gefräst, geschliffen, poliert. Geflutete Trommel	Stainless Steel, gefräst, geschliffen, poliert. Geflutete Trommel	Stainless Steel, gefräst, geschliffen, gestrahlt. Geflutete Trommel
Gewicht	562 g	1225 g	1187 g
Trommelkapazität	7 Patronen	6 Patronen	6 Patronen
Länge	182 mm	290 mm	290 mm
Breite	38,8 mm	38 mm	38 mm
Höhe	131 mm	150 mm	149 mm
Abstand Abzug-Griffrücken	SA 84 mm DA 75 mm	SA 84 mm DA 75 mm	SA 84 mm DA 75 mm
Griffwinkel	110 Grad		
Griff/Griffschalen	Combat, einteilig	Combat, zweiteilig	Combat, zweiteilig
Lauf	53,7 mm, fünf Züge rechtsdrehend	152 mm, fünf Züge rechtsdrehend	152 mm, fünf Züge rechtsdrehend
Trommeldurchmesser	38,8 mm	38 mm	38 mm
Trommellänge	40 mm	41,6 mm	41,6 mm
Trommelspalt	0,2 mm	0,18 mm	0,15 mm
Abzugswiderstände *	SA 17,01 N/1,74 kp DA 43,92 N/4,48 kp	SA 23,5 N/2,4 kp DA 45,06 N/4,6 kp	SA 21,05 N/2,15 kp DA 43,69 N/4,46 kp
Visierlänge/Visierlinie über Laufachse	99 mm/13 mm	226 mm/23 mm	193 mm/22 mm
Kimmenbreite/Kornbreite	3,5 mm/3,0 mm	3,3 mm/3,3 mm	3,3 mm/3,7 mm
Preis inkl. MWSt.	892 Euro (2004)	499 Euro (2004)	599 Euro (2011)

*TriggerScan-Messungen

Taurus 444 Raging Bull / 6 Zoll, technische Daten und Preis

Hersteller	Taurus Forjas S. A., Porto Alegre, Brasilien
Modell	444 Raging Bull
Kaliber	.44 Magnum/.44 Special
Ausführung	Stainless Steel, gefräst, geschliffen, gestrahlt. Geflutete Trommel
Gewicht	1540 g
Trommelkapazität	6 Patronen
Länge	302 mm
Breite	45 mm
Höhe	163 mm
Abstand Abzug-Griffrücken	SA 81 mm DA 91 mm
Griffwinkel	115 Grad
Griff	Combat, integrierter Schockdämpfer
Lauf	153 mm, fünf Züge rechtsdrehend
Trommeldurchmesser	45 mm
Trommellänge	45 mm
Trommelspalt	0,15 mm
Abzugswiderstände *	SA 24,25 N/2,47 kp DA 47,68 N/4,86 kp
Visierlänge/Visierlinie über Laufachse	192 mm/23 mm
Kimmenbreite/Kornbreite	3,3 mm/3,3 mm
Preis inkl. MWSt.	725 Euro (2011)

*TriggerScan-Messungen

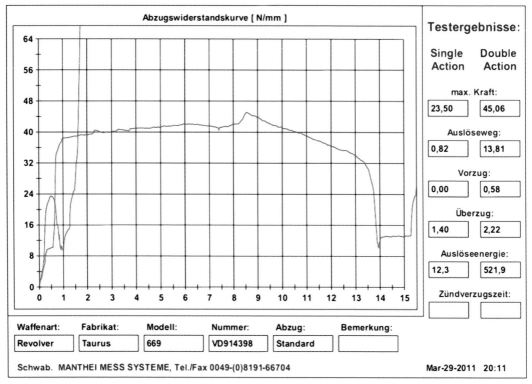

Abzugswiderstandskurve [N/mm]	Testergebnisse:	
	Single Action	Double Action
	max. Kraft:	
	23,50	45,06
	Auslöseweg:	
	0,82	13,81
	Vorzug:	
	0,00	0,58
	Überzug:	
	1,40	2,22
	Auslöseenergie:	
	12,3	521,9
	Zündverzugszeit:	

Waffenart:	Fabrikat:	Modell:	Nummer:	Abzug:	Bemerkung:
Revolver	Taurus	669	VD914398	Standard	

Schwab. MANTHEI MESS SYSTEME, Tel./Fax 0049-(0)8191-66704   Mar-29-2011 20:11

 669

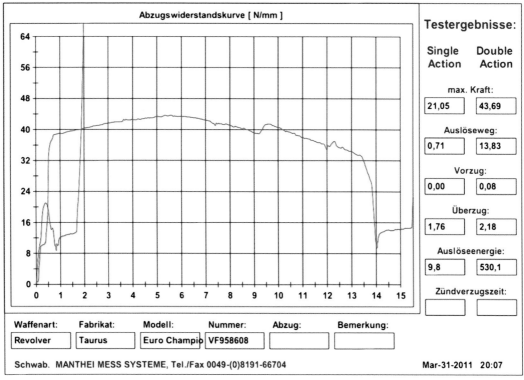

Abzugswiderstandskurve [N/mm]	Testergebnisse:	
	Single Action	Double Action
	max. Kraft:	
	21,05	43,69
	Auslöseweg:	
	0,71	13,83
	Vorzug:	
	0,00	0,08
	Überzug:	
	1,76	2,18
	Auslöseenergie:	
	9,8	530,1
	Zündverzugszeit:	

Waffenart:	Fabrikat:	Modell:	Nummer:	Abzug:	Bemerkung:
Revolver	Taurus	Euro Champio	VF958608		

Schwab. MANTHEI MESS SYSTEME, Tel./Fax 0049-(0)8191-66704   Mar-31-2011 20:07

689 Euro Champion

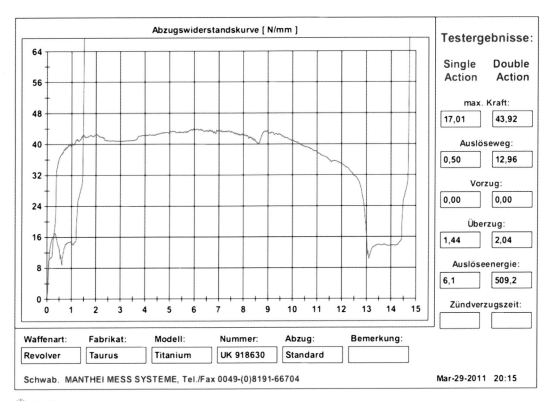

	Abzugswiderstandskurve [N/mm]		**Testergebnisse:**	

Testergebnisse:

	Single Action	Double Action
max. Kraft:	17,01	43,92
Auslöseweg:	0,50	12,96
Vorzug:	0,00	0,00
Überzug:	1,44	2,04
Auslöseenergie:	6,1	509,2
Zündverzugszeit:		

Waffenart:	Fabrikat:	Modell:	Nummer:	Abzug:	Bemerkung:
Revolver	Taurus	Titanium	UK 918630	Standard	

Schwab. MANTHEI MESS SYSTEME, Tel./Fax 0049-(0)8191-66704   Mar-29-2011 20:15

◈ 617 Ti

Leistungsgesellschaft

Revolver, und dazu bedarf es weder besonders langer Läufe noch kostspieliger Extras, schießen mit der passenden Munition immer gut. Oder, wie der Jäger sagt: Problematisch wird's erst hinterm Holz... Noch präziser wird es, wenn sich der Schütze auch mit der Ladepresse beschäftigt und die Munition auf die Waffe perfekt abstimmt. Da jedoch Laden oder Wiederladen nicht grundsätzlich gewollt oder gekonnt sind, bietet sich alternativ dazu der Vergleich der Schussleistung unter Verwendung handelsüblicher Munition bekannter Hersteller an, wie sie Schachtel für Schachtel auf den Schießständen verschossen wird. Aus der Tabelle gehen die drei Bestleistungen aus je zehn Sorten in den Kalibern .38 Special (+ P) und .357 Magnum, vier in .44 Special und sechs in .44 Magnum hervor. Nicht alle Fabrikate und Geschossformen finden sich auf dem Treppchen wieder. Negativbeispiele sind eine sonst gut platzierte Blei-Rundkopf-38er, die den Ruger GP-100 Frankonia Free-style 1500 mit einem Streukreis von 66 Millimetern geradezu verweigert, oder eine Blei-Kegelstumpf-38er mit 72 Millimetern aus dem Taurus 689 Euro Champion. Insgesamt schneiden die 357er etwas besser ab.

Für vergleichbare Schussbilder aus 25 Metern sind eine feste Einspannung und ein ausreichender Vorrat an losgleicher Munition unerlässlich. Erstere garantiert Krappmanns nachgebaute Ransom Rest, die komplett aus Stahl gefräst und zur Hochschlagdämpfung mit einer Scheibenbremse ausgestattet ist. Letzterer wird gebraucht, wenn sich die Aktion über einen längeren Zeitraum erstreckt, aber auch zum Nachschießen bei eventuellen Störungen oder stärker voneinander abweichenden Geschossgeschwindigkeiten. Selbst professionell hergestellte Munition ist davor nicht gefeit, wie die Differenz von 274 zu 301 Metersekunden einer .44 Special aus dem Janz JTL zeigt.

Beim Präzisionsschießen werten immer fünf von sechs Treffern, wobei der fünfschüssige Ruger KSP-331X nicht in den Genuss des Streichresultats kommt. Die gleichzeitig durchgeführten Geschwindigkeitsmessungen geben Aufschluss darüber, ob die Munition in der jeweiligen Waffe den vorgeschriebenen Mindestimpuls nach den Vorgaben der beiden großen Sportschützenverbände erreicht – oder um wie viel sie ihn „straffrei" überbietet. Der Deutsche Schützenbund (DSB) prüft die MIP's von 350 und 450 für die Zulassung zu den beiden Magnum-Großkaliber-Revolverdisziplinen nach der Formel: 0,1

x Geschossgewicht (g) x Mündungsgeschwindigkeit (m/s). Zusätzliche Startmöglichkeiten beim Bund Deutscher Sportschützen (BDS) bedingen sogar eine fünffache Abstufung: 100 für Revolver unter 4 Zoll beim Mehrdistanzschießen, 112,5 für Revolver bis .38, 150 für Revolver über .38 (wie .44 Special oder .45 ACP), 180 für Revolver Magnum bis .357 und 250 für Revolver Magnum über .357. Berechnungsgrundlage ist die Formel: Geschossgewicht (g) x 15,432 x Mündungsgeschwindigkeit (m/s) x 3,281 : 1000.

Trefferaufnahme

Hersteller/Modell	Patrone	Streuung (mm)*	V1 (m/s)	DSB-Faktor	BDS-Faktor
Colt Python / 6 "	.357 Magnum Geco 10,2 g Tlm FK	25 "	417	425	215
	.357 Magnum Lapua 9,7 g CEPP	25 "	383	372	188
	.357 Magnum Hirtenberger 10,2 g Tlm FK	26 "	433	442	224
	.38 Special Magtech 10,2 g Blei RK	25 "	229	–	118
	.38 Special WM-Bullets 10,2 g Blei FK	27 "	247	–	128
	.38 Special Geco 9,6 g WC	28 "	188	–	91
Colt Anaconda / 6 "	.44 Magnum WM-Bullets 19,4 g Blei KS	30 "	314	609	308
	.44 Magnum Winchester 15,6 g Tlm FK	32 "	314	490	248
	.44 Magnum Magtech 15,6 g Tlm FK	35 "	366	571	289
	.44 Special Winchester 15,9 g Blei RK	32 "	233	–	188
	.44 Special WM-Bullets 15,6 g Blei FK	37 "	241	–	190
	.44 Special Magtech 15,6 g Blei KS	40 "	219	–	173

⊕ bez. auf Schusslochzentren

Smith & Wesson M 686 Distinguished Combat Magnum / 6 "	.357 Magnum Winchester 10,2 g Tlm FK	27	399	407	206
	.357 Magnum Lapua 9,7 g CEPP	28	387	375	190
	.357 Magnum Geco 10,2 g Tlm FK	31	371	378	192
	.38 Special Federal 9,6 g WC	28	250	–	129
	.38 Special S&B 10,2 Blei RK	29	248	–	128
	.38 Special Magtech 10,2 g Blei RK	30	232	–	120
Smith & Wesson M 686 Target Champion / 6 "	.357 Magnum Fiocchi 10,2 g Tlm FK	26	400	408	207
	.357 Magnum Winchester 10,2 g Tlm FK	27	404	412	209
	.357 Magnum Hirtenberger 10,2 g Tlm FK	29	411	419	212
	.38 Special S&B 10,2 g Blei RK	28	293	–	151
	.38 Special IMI 10,2 g Tlm FK	31	287	–	148
	.38 Special PMC 10,2 g Blei RK	31	299	–	154
Smith & Wesson M 627 Target Champion / 6 "	.357 Magnum Geco 10,2 g Tlm FK	30	358	365	185
	.357 Magnum Winchester 10,2 g Tlm FK	30	386	394	199
	.357 Magnum Fiocchi 10,2 g Tlm FK	31	368	375	190
	.38 Special S&B 10,2 g Blei RK	33	240	–	124
	.38 Special WM-Bullets 10,2 g Blei FK	34	233	–	120
	.38 Special Magtech 10,2 g Blei RK	35	231	–	119
Smith & Wesson M 629 Classic / 6 $\frac{1}{2}$ "	.44 Magnum Winchester 15,6 g Tlm FK	30	366	571	289
	.44 Magnum Fiocchi 15,6 g Tlm FK	33	313	488	247
	.44 Magnum Magtech 15,6 g Tlm FK	34	357	557	282

	.44 Special Winchester 15,9 g Blei RK	34	228	–	184
	.44 Special WM-Bullets 15,6 g Blei FK	37	239	–	189
	.44 Special Magtech 15,6 g Blei KS	39	217	–	171
Korth Modell Sport / 6 "	.357 Magnum Lapua 9,7 g CEPP	24	380	369	187
	.357 Magnum Hirtenberger 10,2 g Tlm FK	25	386	394	199
	.357 Magnum Federal 10,2 g Tlm FK	25	398	406	206
	.38 Special S&B 10,2 g Blei RK	24	276	–	143
	.38 Special PMC 10,2 g Blei RK	26	248	–	128
	.38 Special Magtech 10,2 g Blei RK	27	231	–	119
Janz JTL .357 / 6 "	.357 Magnum Geco 10,2 g Tlm FK	24	393	401	203
	.357 Magnum Magtech 10,2 g Tlm FK	24	386	394	199
	.357 Magnum Hirtenberger 10,2 g Tlm FK	25	408	416	211
	.38 Special Geco 10,2 g VM RK	24	309	–	160
	.38 Special Geco 9,6 g WC	25	208	–	101
	.38 Special Federal 10,2 g Blei RK	29	237	–	122
Janz JTL .44 / 6 "	.44 Magnum WM-Bullets 15,6 g Blei FK	29	308	480	243
	.44 Magnum PMC 15,6 g Tlm FK	29	418	652	330
	.44 Magnum Magtech 15,6 g Tlm FK	31	372	580	294
	.44 Special Winchester 15,9 g Blei RK	31	230	–	185
	.44 Special Magtech 15,6 g Blei KS	33	217	–	171
	.44 Special WM-Bullets 15,6 g Blei FK	34	238	–	188

Weihrauch HW 357 Hunter / 3 "	.357 Magnum Federal 10,2 g Tlm FK	28	349	356	180
	.357 Magnum Fiocchi 10,2 g Tlm FK	30	335	342	173
	.357 Magnum Hirtenberger 10,2 g Tlm FK	32	362	369	187
	.38 Special Geco 10,2 g VM RK	35	246	–	127
	.38 Special S&B 10,2 g Blei RK	35	245	–	127
	.38 Special IMI 10,2 g Tlm FK	39	228	–	118
Weihrauch HW 357 Target Trophy Combat / 5 $\frac{3}{4}$ "	.357 Magnum IMI 10,2 g VM RK	26	372	379	192
	.357 Magnum Fiocchi 10,2 g Tlm FK	27	371	378	192
	.357 Magnum Federal 10,2 g Tlm FK	29	396	404	205
	.38 Special Geco 10,2 g VM RK	26	284	–	147
	.38 Special WM-Bullets 10,2 g Blei FK	31	245	–	127
	.38 Special IMI 10,2 g Tlm FK	33	239	–	123
Ruger KRH-445 Redhawk / 5 $\frac{1}{2}$ "	.44 Magnum WM-Bullets 19,4 g Blei KS	32	302	586	297
	.44 Magnum Winchester 15,6 g Tlm FK	38	310	484	245
	.44 Magnum Magtech 15,6 g Tlm FK	39	363	566	287
	.44 Special Winchester 15,9 g Blei RK	40	221	–	178
	.44 Special WM-Bullets 15,6 g Blei FK	46	237	–	187
	.44 Special Magtech 15,6 g Blei KS	49	216	–	171

Ruger KSP-331 X / 3 $\frac{1}{16}$ "	.357 Magnum Federal 10,2 g Tlm FK	38	364	371	188
	.357 Magnum Lapua 9,7 g CEPP	42	354	343	174
	.357 Magnum Geco 10,2 g Tlm FK	46	347	354	179
	.38 Special Federal 9,6 g WC	36	215	–	111
	.38 Special WM-Bullets 10,2 g Blei FK	37	240	–	124
	.38 Special Magtech 10,2 g Blei RK	39	220	–	114
Ruger KGP-161 / 6 "	.357 Magnum Geco 10,2 g Tlm FK	28	379	387	196
	.357 Magnum Lapua 9,7 g CEPP	31	390	378	192
	.357 Magnum Winchester 10,2 g Tlm FK	36	401	409	207
	.38 Special Geco 9,6 g WC	31	207	–	101
	.38 Special Federal 9,6 g WC	33	237	–	122
	.38 Special Geco 10,2 g VM RK	34	299	–	154
Ruger GP-100 Frankonia Freestyle 1500 / 6 "	.357 Magnum IMI 10,2 g VM RK	28	404	412	209
	.357 Magnum Fiocchi 10,2 g Tlm FK	29	388	396	200
	.357 Magnum Lapua 9,7 g CEPP	31	405	393	199
	.38 Special S&B 10,2 g Blei RK	29	301	–	155
	.38 Special Federal 9,6 g WC	30	246	–	127
	.38 Special IMI 10,2 g Tlm FK	31	286	–	148

Taurus 617 Ti / 2 "	.357 Magnum Winchester 10,2 g Tlm FK	35	312	318	161
	.357 Magnum Fiocchi 10,2 g Tlm FK	38	326	333	168
	.357 Magnum Lapua 9,7 g CEPP	38	322	312	158
	.38 Special WM-Bullets 10,2 g Blei FK	29	223	–	115
	.38 Special Geco 10,2 g VM RK	34	240	–	124
	.38 Special Geco 9,6 g WC	37	185	–	90
Taurus 669 / 6 "	.357 Magnum Geco 10,2 g Tlm FK	26	394	402	203
	.357 Magnum Magtech 10,2 g Tlm FK	26	370	377	191
	.357 Magnum WM-Bullets 11,3 g Blei KS	26	272	307	156
	.38 Special IMI 10,2 g Tlm FK	28	275	–	142
	.38 Special Geco 10,2 g VM RK	30	297	–	153
	.38 Special Geco 9,6 g WC	34	198	–	96
Taurus 689 Euro Champion / 6 "	.357 Magnum Hirtenberger 10,2 g Tlm FK	25	417	425	215
	.357 Magnum S&B 10,2 g Tlm FK	25	412	420	213
	.357 Magnum Federal 10,2 g Tlm FK	29	430	439	222
	.38 Special WM-Bullets 10,2 g Blei FK	28	265	–	137
	.38 Special Geco 10,2 g VM RK	29	310	–	160
	.38 Special Geco 9,6 WC	30	203	–	99